學佛入門 8

念佛生淨土

MINDFULNESS OF THE BUDDHA AND THE CONCEPT OF PURE LAND

聖嚴法師——著

自序

我常念佛，也常教人念佛，勸人念佛。

早在三十多年前，我便應邀於臺灣南部屏東市的東山寺主持了彌陀佛七。一九八〇年代以來，我在臺北北投農禪寺，每年主持一次清明報恩的佛七，並於農禪寺成立每週集會共修一次的福慧念佛會。所以我曾為大眾做過不少次跟念佛法門有關的開示。我也在我們的中華佛學研究所，擔任了好多年淨土學的課程，但我僅為《華岡佛學學報》寫過一篇〈淨土思想之考察〉（編案：現收錄在《學術論考》一書中），卻從未出版過類似這一本介紹念佛法門的作品。

這是由於我在東、西兩個半球，不論是演講或撰稿，我被人家要求的，多是以禪的範圍為主題，竟然從未遇到過被人要求開示念佛法門的機會。

直到今（一九九三）年三月二十七日至四月四日，我在農禪寺的清明報恩佛七期間，每天開示念佛生淨土的法門，說明佛法重視知恩報恩，人們當以感恩的心情接受現實的人生，再以報恩的情懷奉獻廣大的眾生。如何才能正確地表達感恩與報恩，應當修學念佛法門，因此法門，真俗全收，事理雙圓，世出世法，不論現世福利或身後美景，無不包容。

至於如何修學念佛法門，我便逐日介紹了七個項目：（一）孝親報恩應當念佛。（二）念佛應當具備四個心：信心、至誠心、深心、迴向發願心。（三）淨土有四種：人間的、天國的、佛國的、自心的。（四）超度有兩類：對亡靈的、對生者的。（五）要將懺悔業障的修行當作每日的恆課。（六）帶業、消業都生淨土。（七）往生西方淨土當以建設人間淨土為基礎。

當時的錄音帶被流傳之後，很多人聽了非常喜歡，有幾位熱心的弟子，又從錄音帶整理成了文稿，交給我審閱，我便將之帶到美國。至本年十一月二十二日，我始抽空取出檢閱，發現內容空泛，不知好在何處，行文的語氣，也不像是我的。因此花了十天時間，將之刪削補充，重寫了一遍，也讓我藉此因緣再次熟讀淨土三經，重溫淨土諸大師的著述達三十多種七十多卷。

寫完之後，覺得意猶未盡，所以增加了〈佛七的根源〉及〈念佛的方法〉兩篇，使得這本五萬餘言的文章，在實用的價值之外，也富有參考的價值。

一九九三年十二月二日釋聖嚴自序於紐約東初禪寺

目錄

孝親報恩當念佛

我們的清明佛七，又名報恩佛七，所以來談談報恩的意義。從佛教傳統的觀念來說，恩有四種：即三寶恩、父母恩、國家恩、眾生恩。中國特別重視父母的養育之恩，對其餘三種就好像不是那麼重要。因為從先秦時代開始，就倡導孝道，儒家的《孝經》就是從倫理的孝親觀點而講立身行道德教治化等的道理，非僅孝親，亦兼論君天下的準則。因在五倫之中，以親子的關係為基點和起點，所以孝親最重要。漢代曾提倡以孝立國，並舉孝廉；孝子必定清廉，想找廉節的官員，就從孝子中選拔，所謂拔忠臣於孝子之門，若是孝子，則一定會對社會大眾也能關懷。相反地，如果對自己的父母都不關懷的人，或者是逆倫的人，要他們大公無私地去關懷人民的疾苦，必是很難的事。

可是到了近代的社會，自從西方所謂「工業革命」之後，家庭與社會的結構轉型，倫理的觀念破產，各自為政的小家庭制度，唯利是圖的價值觀念，便為人類社會帶來了災難。東方的中國社會，也受到重大的衝擊，漸漸對孝道的倫理觀念視為迂腐保守，親子關係漸漸淡薄；也就是親子間的關係，只是維繫在兒女未成年之前的短短十多年時間。當兒女長大成人之後，各奔前程，對父母就不怎麼關懷了；並且認為父母養育子女是責任，兒女關心父母是施恩。因為人是自私的，往往為了自己的前途，而不顧父母的死活及父母的需要了。

今天在臺灣的社會，也不得不走小家庭制的這條路了。雖然尚有政府官員，正在鼓勵大家族制度，若有三代同堂、四代同堂者，可受到獎勵優待，這種作法相當可取，但僅少數人能夠做到，也只有少數的政府官員做如此想。因為整個世界的大環境，已演變到如此地步，我們希望普遍且永久恢復到從前農村社會時代的大家族制度，就相當不容易了。

不過，中國人尚保存著對祖先懷念的風俗習慣，慎終追遠，在清明節掃墓，對祖墳祭拜一番，表示對於祖先或已故親友的追思。我們對此風俗，應當讚歎，紀念祖先，便是飲水思源，便是孝道，便是念恩感恩。不過，此種風俗，除了形式而外，並無實質上的報恩意義，祖先們又能得到些什麼功德？

今天有三位居士從很遠的南部來臺北的農禪寺看我，我勸他們參加一天隨喜念佛，用念佛的功德迴向給他們祖先更好，但他們並未留下，原因是老、中、少三代，各有自家和外家的祖墓，利用星期假日，趕到好幾個地方掃墓祭祖，他們要奔走在不同的墓地與納骨塔之間。我便勸告他們：「僅去掃一掃墓，意義不夠大，最好能從農禪寺出發開始就念佛，到了墓前也念佛；在墓地上念佛，掃完墓回家的路上也要念佛；清明前後念佛，平常日子也念佛。一方面將功德迴向給祖先，另一方面希望他們在幽冥界中，聽到佛號聲也能信佛、學佛、念佛。」那三位居士聽後很歡喜，我希望他們真的照著我的勸告去做就太好了。

諸位來參加清明報恩佛七，一方面是修行，一方面是為了報恩。多半的人會為了祖先及已故親友立往生牌位、點往生燈，做何用呢？是希望他們能接受到念佛的功德，若未轉生，以他們自己的靈體來到本寺，聽我們念佛，也跟隨我們一起共修，則更有意義。信不信呢？現在就有好多好多你們的先亡眷屬在聽我講開示。一定要信！否則大家來做這些念佛的佛事，不是欺騙自己又是欺騙誰呢？

為什麼我們念佛就算是報恩？就對祖先及先亡眷屬有用呢？很簡單，當我們為新亡的人助念之後，往往就會發現那些已斷氣的死者面部表情，現出微笑的感覺來，本來死者面部是暗青的、灰白的，但當我們為他助念虔誠懇切之時，死者的臉上、嘴唇便會泛起紅暈，這表示人雖過世，他們的神識仍會聽到我們的念佛聲。只要聽到念佛聲，便會生起信仰心、歡喜心和清淨心，就能離苦得樂，必定往生淨土，所以唯有這樣才算是真正的報恩。

我們已故的先亡親友見我們念佛、供佛、拜佛，他們一定非常歡喜，因為念佛時不會說壞話、做壞事。因此使得先亡親友，對你安心放心，且又覺得非常安慰，故以念佛來紀念和超度他們，乃是最好的方法。其實每年清明掃墓時，僅燒幾炷香、燃一對燭、焚化一些冥紙冥庫，獻上一束鮮花等，倒不如也來參加一次念佛的共修。我們並不反對掃墓，但我更鼓勵念佛。當在清明掃墓之外，也到寺院裡來參加七天報恩念佛的修行，則對先亡更有意義、更有功德。就算是來隨喜念佛一炷香或參加念佛一天也很好。

我很佩服我的先師東初老和尚，他在遺囑上寫明要我們別給他土葬，火葬後也不許留取骨灰或舍利來供養，而是將之和麵撒在海中與水族結緣，他在世時，曾對我說：「做人不要那麼愚蠢，既知活著時要這樣、要那樣，都是幻相，死了後還要一座墳墓，豈非可笑。」我就照他的遺囑辦了。可是，當先師火化後發現有很多舍利，我不敢要，很多信徒正在搶。當時有人便對我說：「聖嚴法師，有人在搶撿老和尚舍利，我們中華佛教文化館要不要留下一些呢？」我說：「有人搶去供養不是很好嗎？」不過，我還是不能免俗，留了一些先師老和尚的舍利，供養在祖堂裡。可是，我能體會我們老和尚的意思，是不要我們以掃墓的風俗來紀念他，而是遵照他的遺志來弘揚佛法，修行佛法就是紀念他，就是報他老人家的恩，這比供養他的舍利或比用掃墓來紀念他更有意義。

我現在繼承他老人家的遺志，用他留下的道場，除了自己修行，也在弘揚佛法，指導修行，以此種方式來代替掃墓，做為紀念，功德更大。這項功德，也不是出於我的，是他老人家的高瞻遠矚。

諸位知道我今（一九九三）年已幾歲了？（大眾默默搖頭）因為我從來不做生日，所以也忘記自己到底幾歲了，從我傳記資料的記載看，今年已是六十四歲，我還能有另一個六十四年可活嗎？不能！你們認為有，可是我不相信，因此，我也在此宣布：我死之後，不准埋在土坑中，也不許為我起納骨塔或舍利塔，不准撿舍利回去供養，我也要學我的先師老和尚一樣，弟子們見我死了，將我火化，研細後的骨灰撒在法鼓山上。先師老和尚要我將他的骨灰撒在海裡，也曾大費周章，尤其在海上私自去撒遺骨，是被禁止的。我也要節省我的弟子們的麻煩，撒在法鼓山的林間空地上，經過雨水沖洗，便進入溪澗，流往大海去了，我不要留下任何東西，僅希望留下兩句話，是法鼓山的理念：「提昇人的品質，建設人間淨土。」若能實踐這兩句話，便等於給我掃墓紀念。你們現在已在替我掃活墓了，不是嗎？世尊涅槃已二千五百數十年，我們做弟子的人，很難能到他的火化場去掃墓，都能用修行佛法、弘揚佛法來紀念佛陀，供養三寶。這才更具意義，也才是真正的佛子。

報恩的最佳方法，是用父母給我們的身體，來做對自己、對眾生有利益的事；來說對自己、對眾生有利益的話；想對自己、對眾生有利益的念頭，這才是真正的報恩。諸位是否聽過「上報四重恩，下濟三塗苦」的兩句話？實際上，一方面，我們要奉獻自己來利益眾生；另一方面，我們也要飲水思源，知恩報恩。出家的大德高僧以及在家的大善知識們，往往會說：「為了報答三寶恩，誓願盡未來際獻生命，上求佛道，下化眾生，弘揚佛法，護持三寶。」這意思也就是說：三寶的恩我們無法報答，只好以自己所能、所有及所知，來做學法、弘法、護法的工作，以為報恩。

諸位來參加清明佛七，就是修學佛法，護持三寶，也就是報恩。諸位一定聽說過「承先啟後」這句話，我們繼承了祖先的遺蔭和福澤，包括我們的身體和生存的環境，我們的歷史和文化的遺產，就有責任用來發揮自利利他的最大功能，使得祖先的遺澤不斷地延續下去，才是最好的報恩方式。過去的許多中國人，只知傳宗接代，為祖先留「香火」，卻不知發揚光大祖先的遺德芳範，為祖先增光，為後代增福，才是最佳的薪傳。絕對不是僅以燒香焚紙來紀念祖先，就算是承先啟後的。我們佛教徒當以修學佛法、淨化人心、淨化社會，來報答祖先的遺恩。

我在三年前回大陸探親，見到我的三嫂，她一次又一次地說：「小阿叔，你看，我替你們張家生了五個孩子。」她的意思是說：我出了家沒有生孩子，非常不孝順，她幫我們張家生孩子，盡了孝道。我只好說：「妳辛苦了！」在此我要請問諸位，像我這樣出了家的法師，終身修學佛法，關懷大眾，服務人群，對我的父母來說，算不算是孝順和報恩呢？

（一九九三年三月二十八日農禪寺清明報恩佛七第一晚開示）

清　長生佛會圖（國立故宮博物院藏品）。

念佛法門四個心

今天為諸位講修行念佛法門的四個心，那就是信心、至誠心、深心、迴向發願心。信心的要求，遍於諸經，而尤見重於《阿彌陀經》，其餘三心，出於《觀無量壽經》。

一、信心

在佛法中，不管修任何法門，都得先要有信心，經說「信為能入」，學佛以信心為第一個重要條件。信心的對象是相信釋迦牟尼佛在各經中所說之法，都是真語實語，句句有用，字字如金。站在凡夫的立場，不管是否能夠做到，都應相信。這就是所謂「聖言量」，對於大聖佛陀之言，語語真實，不得懷疑、不須推敲。特別是修行的方法很多，所謂「法門無量」，每一法門，皆是針對不同的根性需要而說。不同種類的人有相同的根性和不同的根性，不同時代環境的人亦有相同的根性和不同的根性，需要以無量的法門來接引無邊的眾生。故當我們認定並跟隨某一位善知識修行時，除了不得懷疑他這個人，也不要懷疑他所教的法門與其他法門是否相同？是否有矛盾？否則便無法產生堅固的信心，也得不到真正的受用。

我們在打佛七期中，念的是阿彌陀佛，修的是淨土法門。此在佛經之中共有六十多種，提到阿彌陀佛的西方淨土，最重要的是《阿彌陀經》、《無量壽經》、《觀無量壽經》，合稱為淨土三經。在中國的魏晉時代（約西元第五世紀前後）開始，阿彌陀佛的造像，已經盛行。北魏的曇鸞、東晉的慧遠、隋唐的道綽、唐初的善導，然後有慈愍、法照、少康等諸師，大事弘揚彌陀淨土，儼然蔚為中國佛教的一大主流。這次來本寺參加念佛打七的菩薩們，共有三百八十多位是精進組，另有四、五百位是隨喜的，其中有好多位曾經修行過其他法門，也來參加念佛修行，即表示對彌陀法門也有信心。所謂條條馬路通長安，殊途而同歸，法門雖有無量，但同樣是令我們離苦得樂，成菩提道。我們一定要相信目前正在修持的法門是最好的，所用的方法是最可靠的。

我們相信什麼呢？信經典中所說有西方極樂世界，信阿彌陀佛的本誓願力要救濟所有的眾生，同登西方淨土的九品蓮位。先要對彌陀的本願有信心，有求生西方的願心，便可決定得到彌陀接引，往生西方極樂世界。

不過淨土三經所介紹的修行方法，也略有差異：《觀無量壽經》主張以十六種觀想法門，用觀想三昧及念佛三昧等的修持，達成三階九品的往生目的；《無量壽經》主張信仰彌陀四十八願，依願修行，縱然是惑業凡夫，也必定往生彼國；《阿彌陀經》主張以信、願、行，執持彌陀名號，求願往生彼國。《觀無量壽經》也要求持戒修福發菩提心，《阿彌陀經》則要求持名至一心不亂，《無量壽經》主張乃至但能信樂，不生疑心，十念乃至一念，求願往生者，亦得如願。因為中國佛教重視《阿彌陀經》，為了念佛念到一心不亂，才能往生西方，因此而使許多念佛的人變成自私，不管世間事，但求專心念佛，就怕臨命終時不得一心不亂而不能往生西方。日本的淨土信仰則不然，他們重視《無量壽經》，所以法然派的淨土宗、親鸞派的淨土真宗，特別強調彌陀的「他力本願」，只要信仰彌陀本願，就可藉著佛力得救，此似與基督教的信上帝即得救的思想相同，實際上不同，因為基督徒信神，自己不能成為神，佛教徒念佛，終究必將成佛。我覺得這比近世中國佛教徒為了強調「一心不亂」的專門念佛而不管世事者較為可取。我現在也主張必須相信佛經佛語，若依《阿彌陀經》持佛名號，一至七日，一心不亂，臨終見佛來迎，當然好，此可用打佛七等剋期修證的方式。若依《無量壽經》除了五逆之人，欲生彼國眾生，至心信樂，乃至十念念佛，也都決定得生。這就不必擔心不得一心不亂便無往生佛國淨土的希望了。若依《觀無量壽經》則較繁複，要分三點進行彌陀淨土的修持：（一）修三福（含世間倫理、皈戒十善、發菩提心、誦大乘經），（二）修十六種觀想法，（三）修九品往生法，故此經在中國及日本均少人修。古代中國及日本，重視《無量壽經》，近代中國重視《阿彌陀經》，畢竟淨土法門，要在「信」字，能信彌陀的本願，便可念佛往生，正如龍樹菩薩所說，淨土屬於他力救濟的易行道，若修禪觀等如《觀無量壽經》所說的那樣，倒有點像是自力解脫的難行道了。

彌陀淨土的修行法門，之所以能夠受到中國及日本許多人的崇信，便在於彌陀的他力本願，能予人以安慰的絕對信心，不必考慮自身所做功德的多寡，也不必擔心自身修證的功力大小，只要信仰彌陀本願，立誓往生就好，然後便可放心大膽地來做各種自利利人的事了。縱然持戒不嚴，煩惱不斷，也總會有阿彌陀佛依其本誓願力來接引。淨土行者們可以放心安心。

諸位菩薩來參加清明報恩的彌陀佛七，執持彌陀聖號，就要相信阿彌陀佛的本誓願力，相信念佛的人，臨命終時，絕對可見阿彌陀佛的慈悲接引，在七期中，能得一心念佛，當然很好，所以要念念用心念。倘若老在散心念而不得一心的效果，也不用著急，《觀無量壽經》說到，縱係五逆十惡之人，若能於命終之時，遇善知識，教其稱念阿彌陀佛，且足十念，至少亦得往生彼國的下品下生。不過既來參加佛七念佛，不得心存懈怠僥倖，如你不能及時念佛，念成習慣，等到命欲終時，誰能保證你有善友的勸導，誰又能保證屆時你還神智清明地知道以十念具足來念阿彌陀佛的名號呢？因此，要在佛七中精進念佛，如能持之以恆，便能隨時隨地皆可做好往生西方極樂國土的準備。

二、至誠心

是誠懇心、虔誠心，不是三心二意、心浮氣躁，馬馬虎虎地敷衍了事。念佛時應當口念心惟，如在阿彌陀佛面前，聲由口出，又從耳入，聲聲印向心田，句句都從心出。念念都是佛號，處處總是佛國。如果無法專心念佛，便當觀想：你是在海上的破船乘客，遇到海難，已經掉入波濤洶湧的海水中，很幸運地抓到一塊破船的木板時，必須捉牢抱緊，一點也不能大意，否則就會被驚濤駭浪沖走，只要一不小心放手，木板便不知去向，想要再抓到手，可能已經愈沖愈遠了，那時，你自己在海中，便只有死路一條了。我們念一句佛號時，如在茫茫大海中快被淹死的情形下抱住木板，其實是抱住佛號念佛，此時要將佛號當作海中救命的浮木，不可以心不在焉地念佛，不可胡思亂想地念佛，不可愛念不念地念佛。相信諸位已看到我們農禪寺佛殿牆上的標語：「口與心聲聲相應」，「念與佛步步不離」。在坐著念佛時當用第一句，用力大聲念、用心高聲念。在繞場念佛時，當用第二句，每一個念頭均與佛號相應，每走一步都配合念佛的節奏，念念不間斷，步步不相離。將全部的身、口、意三業，投注於每一句佛號的當下。

三、深心

《維摩經．佛國品》也說「深心是菩薩淨土」，又在其〈菩薩品〉云「深心是道場，增益功德故」。堅固不拔，根深柢固的信心，是從修證的經驗及念佛的應驗所養成的。打心底起，念念繫心念佛，在習慣上時時自然念佛，便是深心念佛。如果悠悠忽忽、隨隨便便地念佛，有一天沒一天、一曝十寒地念佛，便是淺心念佛。如果一邊念佛一邊打妄想，一邊念佛一邊昏昏沉沉，便是淺心念佛。

唐末宋初的永明延壽，提倡禪淨雙修，卻以淨土為其歸趣，每天持念阿彌陀佛聖號十萬聲，便是深心念佛的榜樣，那是要連吃飯、工作、上廁所時，都不離佛號，方能一日念足十萬聲。若能深心念佛，根本不可能再有煩惱妄想生起的空隙了。

可知，深心即是綿密的細心、即是踏實的定心、即是明徹的慧心。若能以深心念佛，已是一心念佛，不僅通達事一心，也能相應理一心。不僅必定往生西方淨土，也可親自體驗到自性淨土及自心淨土。無怪乎永明延壽主張禪淨雙修，殊途同歸。若能深心念佛而得法得力，其實已通於禪修的悟門了。

四、迴向發願心

迴向的初意，是將念佛目的期求往生西方；是以修行一切功德迴向往生西方的極樂世界。迴向的深意，是發菩提心廣度眾生，就是願將自己的念佛功德迴向一切眾生，都能離苦得樂，都能信佛、學法、敬僧，都能念佛成佛；也以念佛的功德迴向改變具有剛強心的眾生，促使眾生願意信仰佛教、修學佛法，早日往生極樂世界，早日成就無上菩提。可見念佛迴向的目的有二：（一）祈願自己往生，（二）祈福一切眾生都能往生。

不可僅是自求往生淨土念佛，當為了祖先往生西方念佛，也願一切眾生因我們念佛而都能往生西方。所以迴向發願心，跟發大菩提心的意思相應相通。

一般人來參加佛七的共修念佛，僅是希望自己消災免難、逢凶化吉。聽了以上的開示，當知為自己消災免難祈福之外，我們念佛、拜佛、繞佛、做課誦的功德，更應該是為了發菩提心廣度眾生。本來是我們的怨親債主，因為把功德迴向給他們，他們就會變成我們的增上緣、護持者，也就等於給我們消災免難。但卻不可說，因你念了幾句佛號就能消災，而是怨親債主見你發了菩提大願心，將來你會成為怨親平等的佛菩薩，所以就不麻煩你了，他們也因你的念佛修行而得利益，可見念佛多好。好處從何來？是從迴向發願中來，是從發菩提願、廣結善緣中來。

（一九九三年三月二十九日農禪寺清明報恩佛七第二晚開示）

四種淨土任君遊

今天為諸位講淨土的種類，從經論中所見者，綜合來說，大略可分四類，那就是：人間淨土、天國淨土、佛國淨土、自心淨土。我曾於一九八三年出版的《華岡佛學學報》第六期，發表過一篇〈淨土思想之考察〉，對這四類淨土，做過比較詳細的介紹，後來又將之編錄在《牧牛與尋劍》，諸位如有興趣，不妨找來參考。

今天我從現實生活的角度，來談這四類淨土。

一、人間淨土

人間淨土的意思，是指我們現實的生活環境，就是淨土。凡夫所處的大環境，佛經中稱為苦難重重的「娑婆世界」，《阿彌陀經》等形容為：劫、見、煩惱、眾生、命，都是不淨的「五濁惡世」。不過，當我們聽聞佛法，修行戒、定、慧，只要乃至僅有一人修行，那人即見淨土，能有二人修行，那二人便見淨土，許多人修行，則許多人都能見到人間淨土；若因修行而體驗身心的清淨，淨土就在你的眼前展現。

能持淨戒，就不造惡業，所處的環境便不會因為自我困擾而變成苦趣的娑婆世界與五濁惡世。由於持戒，身、口、意三業漸漸清淨，雖在人間，心裡也不會害怕感受苦報，既然不怕，沒有憂愁，不想逃避，此世豈非即是淨土。

能修禪定，內心自然平安。所謂平安，便是不受環境困擾而起煩惱，不因環境的動亂而內心也跟著波動不安，心定能如止水，能如明鏡，能如萬里無雲的一片晴空，則身體雖住五濁惡世，也不會使我們感覺到煩擾不安，就能將此混濁的世界，看成人間的淨土。

例如有一次我們的汽車，正在高速公路行駛，突然發現後邊有一輛車，飛快超過我坐的車，另外，後面又來了一輛汽車，加速緊跟，也想超入我們前面的車道，結果，使我們的這輛車，變成進退維谷，開快會撞上前車，開慢會被後車撞上。我的駕駛弟子，則一邊大叫，一邊嚇得面色發青，心跳個不停，我坐駕駛座旁，始終保持沉默。當危機閃過之後，他問我說：「師父！你為何不怕，差一點就被撞死了！」

我說：「既然有師父在車上，還會撞車出事嗎？」實際上那僅是安慰他的話。

我又說：「要死，如非死不可，怕也沒有用；不死，反正不會死，也就不用怕。以後你要學著用這樣的心態，心平氣和地謹慎開車。」

他回說：「師父，我尚無如此的工夫。」

我勉勵他說：「你要學著每天打坐，保持心緒平靜，再遇到如此的情況，就能夠不慌不忙，該如何應對就如何處理了。光是臨危大叫，不濟事的。」

臨急應變，切忌慌張，若有定力，便知天下本來無事，好好處理就是。

若能修智慧，便不起煩惱。無我的智慧，可從聽聞佛法、體驗佛理、反觀自我、洞察人生中獲得，也可從修行布施、廣結善緣、常知慚愧、並修禪定中獲得。有了智慧的人，便不會以煩惱心來處理自己的事，又能用平常心來面對當前的環境，心平氣和，愉快自在。既會將人間視為修行菩薩道的環境，又能把善惡、得失、是非、利害，看成因緣所生幻起幻滅的現象，不需要欣喜欲狂，也不必痛不欲生。

有智慧的人，知道世間一切現象的發生，都有其原因，若能以事前的努力及事後的補救來加以改善，當然極好，萬一已經成了定局，那就放開胸懷來承擔接受。怨天尤人於事無補，於人無益，何必愚癡，煩惱不已。

所以，有智慧的人，雖然生活於此娑婆世界的五濁惡世，卻能享受到佛國淨土的無礙自在。

二、天國淨土

修行十善，便生天國。天國尚在三界的範圍，還是有漏有限的，由於積福，享受欲界天的欲樂，或修禪定，享受諸禪天的定樂，但在欲天的福報享盡之時，禪天的定力退失之際，又會從天國下降到人間，或更向下而墮落到三塗惡道。所以縱然天國可愛，有朝一日，又成過眼的雲煙。不過，能生於天國總有一段時間享受天福，比起人間之有種種災難、種種困擾的現象而言，天國已是一片淨土。欲界天中，沒有髒亂，沒有罪犯，沒有災變，沒有疾病，思食得食，思衣得衣，飛行自在，來去自如，身輕如虛空，所求無所缺，伎樂隨身，永無黑暗。因此就有許多宗教都鼓勵信徒們求生天國。只是他們並不知道進入天國後的天福也會有享盡的一天，那時候便有五種衰相現前，縱然貴如忉利天主，亦會如《大般涅槃經》卷十九所說：「釋提桓因，命將欲終，有五相現：一者衣裳垢膩，二者頭上花萎，三者身體臭穢，四者腋下汗出，五者不樂本座。」故對一般人來說，天國就是淨土，而對佛教徒來說，則寧願生在人間修學佛法，卻不想生到天國去享天福。

依據佛經，天國有兩類：一是有漏凡夫所生處，一是補處菩薩所居處。例如釋迦牟尼佛未成佛前的最後身菩薩，便居天上，同時也介紹有一尊當來人間成佛的彌勒菩薩，如今便在欲界第四高的兜率天，準備到人間成佛，該天分作內外兩院，外院是欲樂凡夫所居，內院是彌勒的化區，真正是清淨的天國淨土，那兒跟凡夫的欲天所不同者，乃是見到彌勒法相，親聞彌勒說法，不為享受天福，而是修行佛法。所以要勸大眾，如果急著想生天國者，必須選擇彌勒菩薩的兜率內院。等到彌勒下生人間成佛之時，兜率內院的眾生，都會追隨彌勒降生人間，都成為佛的弟子，圍繞彌勒尊佛，共同修行，淨化人間，龍華三會，凡是會眾，人人可得解脫。只要生到彌勒的兜率內院，便已得到畢竟解脫的保障。因在《彌勒下生成佛經》中說到彌勒將在龍華樹下：「初會說法，九十六億人得阿羅漢，第二大會說法，九十四億人得阿羅漢，第三大會說法，九十二億人得阿羅漢。」三會之中度脫一切有緣眾生。所以在中國佛教史上，從東晉的道安法師開始，經唐初的玄奘大師、窺基大師，近代的太虛大師，到在臺灣圓寂的慈航法師，都是發願往生兜率內院的天國淨土。

三、佛國淨土

佛國在何處？是指以諸佛的福德智慧及本誓願力所成就的國土，此有兩種作用：一是示現佛的功德果報；二是接引化度一切有緣的眾生，修學佛法，同成佛道，便稱為佛國淨土。

釋迦世尊在此穢土世界成佛，但在《大般涅槃經》卷二十四說：「莫謂諸佛出於不淨世界。」《法華經》卷五也提到印度的靈鷲山即在淨土中，可見凡有佛處，便是佛國淨土。但在諸經論中，綜合而言，佛國淨土分有自性的法身佛所居，自他受用的報身佛所居，應化身佛所居。故有三身四土之論。例如唐代的法常、智儼、道宣、道世等諸師，有法性、實報、事、化的四種淨土說；法身佛居法性土，自受用身佛居實報土，他受用身佛居事淨土，應化身佛居化淨土。天台智顗則主張：（一）凡聖同居土，如西方極樂世界；（二）方便有餘土，為地前菩薩及二乘聖人所居；（三）實報無障礙土，是初地以上的法身菩薩所居；（四）常寂光土，是諸佛如來所遊處。四土配三身，則為以應化身佛居於同居及方便二土，報身佛居於實報土，法身佛永住寂光土。

從《阿彌陀經》可看到的六方諸佛淨土，以及阿彌陀佛的極樂國土，若以智顗所見，都是應化身佛所居土，實際上有無量無數的十方諸佛淨土，跟我們最最有緣的應該是西方極樂世界的阿彌陀佛淨土。仗佛本願，凡夫即能往生佛國，其餘三等淨土，均當自修福智，始得現前。

非常奇妙的是，我們這個世界的眾生，往往在活著時求藥師佛，希望長壽不死，消災免難，卻未想到要去東方的琉璃光淨土，準備死亡來臨時，求阿彌陀佛希望往生西方極樂世界，好像這兩尊佛，一尊是壽星，一尊是死神。此種觀念是把淨土信仰弄偏差了。其實如印順法師的〈東方淨土發微〉中說：「東方淨土的攝受此土眾生，不但死後得安穩，現生也能免除種種災難危厄。」又說：「求往生西方淨土而不能成就的，也能承琉璃光佛的威光，於臨命終時，為八大菩薩所攝引而到達西方。」印順法師又說：「佛與淨土，是我們的師範，理想世界；但同時，並非向外馳求，而是內在德行的體現。」又說：「如覺了法性清淨，究竟圓滿，是琉璃光佛。」可見修藥師法門，也可與西方的阿彌陀淨土相通。功淺障深的凡夫，修東方淨土及西方淨土，均得往生佛國；若係功深障少的眾生，不論專修哪一種淨土法門，都會親見自性的彌陀如來、法身的琉璃光佛。

但是藥師佛淨土的目的，在於激勵人間、淨化人間，當係事實，故在《藥師經》中，也讚歎西方淨土。由於阿彌陀佛的淨土是上、中、下三根普被；不論上智下愚，只要相信阿彌陀佛的願力，願生西方淨土，即蒙慈悲攝受，接引往生。因此釋迦世尊，在各處經中，力讚阿彌陀佛的願力宏深。尤其使得許多自信不足、毅力不濟的眾生，都能因此而獲得了往生佛國的保障。此對於人心的安定、信心的增長，有大功德。不管自己修行的程度如何，只要具足信仰彌陀的本願力，乃至十念佛號即可往生極樂國土。足證阿彌陀佛的淨土法門，有其獨到的殊勝之處。

四、自心淨土

所謂自心淨土：即是說在每一個人的心中，不論凡聖，本具佛性，也就從來未曾離開過佛國淨土。昨天談到深心，眾生的心既與佛心相同，眾生所處世界便與佛國無異。不過眾生的心尚有煩惱覆障，無法見到清淨不動的本心，也就無法體會到生活於佛國的淨土。若能穿透煩惱塵網，往心的深處看去，就會發現佛心即是自心，此界即同佛國。因為心若清淨，所見世界就是淨土；心若不清淨，生活的環境就是無邊的苦海。

《華嚴經》的「華藏世界」；《梵網經》的「菩薩心地法門」；《法華

經》的「靈山淨土」；《維摩經》的「直心」、「深心」是「菩薩淨土」，又說「隨其心淨則佛土淨」等，都是指的自心淨土。到了中國宋代的天台家大學者知禮及元照，元代的惟則等諸師，都主張唯心淨土的思想，倡導「唯心淨土，本性彌陀」之說，而謂：「十方微塵國土者，惟吾心中之土也。」又云：「極樂獨非惟心之淨土乎？」明末的蕅益大師也主張「是心作佛，是心是佛」，以念佛三昧而豎出三界者，便見唯心淨土，以他力方便而橫出三界者，則生西方淨土。此則與禪宗《六祖壇經》所云「迷人念佛求生於彼，悟人自淨其心」相近。

如何自淨其心？一般人不易體會到，當然也做不到。若修念佛法門者，正在念佛時，將心中所有一切雜念放下，只管專心念佛號，此心即與佛相應，那時的心中，便沒有恐懼、懷疑、貪、瞋、驕傲等的雜念起伏。若能更進一步，一時之間，全部雜念離你而去，此時便與佛的淨土相應。一念相應一念見淨土，二念相應二念是淨土，念念相應念念住淨土。

雖在凡夫階段，不可能念念與佛相應，不可能念念住於淨土；但你如果念念念佛，念念基於信心、至誠心、深心、迴向發願心，就會漸入佳境。天下本無事，妄想從何起，念念都把念頭貼在佛號上，持之以恆，時間稍久，就可修成念佛三昧，自心淨土，歷歷展現。功淺者可見感應的西方淨土，功深者則見方便土及實報土，至於常寂光淨土，唯佛與佛能遊能見。

我有一位弟子在深山中修行，白天都很好，晚上打坐時就聽到很多眾生在附近搬家、開會、吵架，打開門察看究竟，卻什麼也沒有發現，當他再度坐下，則又聽到了。他心想：「現在我是心隨境轉，應該是境隨心轉才對。」於是他觀想這些騷擾他的聲音，都是極樂世界的依正莊嚴，都在念佛、念法、念僧，聽到眾多的聲音，就像自己身處西方的極樂世界。如此觀想，過不多久，什麼聲音都聽不到了。

另一個例子是出於這陣子的議會文化，有一位現任的政府高級官員，才剛學佛不久，但卻學會了〈準提咒〉，當他每次到議會備詢時，議員們都會用種種言詞來激怒他、侮辱他、批評他。本來他很容易生氣，甚至考慮辭官不幹了，如今他已能氣定神閒地列席議會了，他的降魔術，便是默念〈準提咒〉、默寫〈準提咒〉，一邊聽議員指責，一邊心念一邊手抄，議員們責罵他時，還以為他正在很認真地做記錄，挨罵時既不反駁，又有涵養地微笑。議員們罵完他後，他只須站起身來說聲：「謝謝某議員，我都聽到了。」如此一來，他自己少了煩惱不說，議員們也對他客氣起來了，真的達成了境隨心轉的目的。

以此可見，若能不受環境所動，自心之中便是淨土；自心淨土雖不在心外，外在的環境也會隨你的心轉。這是很有用的，不妨試做做看。

念佛便見佛，心淨國土淨。

（一九九三年三月三十日農禪寺清明報恩佛七第三晚開示）

宋　如來説法圖（國立故宮博物院藏品）。

兩類超度亡與存

一、引言

因為清明報恩，許多人為先亡親友立牌位超度。所以今晚的開示是「超度共有兩大類」：（一）對亡靈的超度，（二）對生者的超度。

超度的意義是用佛法的理解和實踐、信仰和經驗，使人從苦難中獲得安樂，從危險中獲得安全，從束縛中獲得解脫。

有位從高雄來的居士，今天下午超度了我，因他見我既瘦且弱，有氣無力，工作又是那般繁重，相信我一定活得很痛苦，所以選送我一桶健康、衛生、很營養的精製清香油，讓我吃得健康起來。可知我是被他超度了，我也應該來超度你們。

二、超度亡靈

在一般中國人的印象裡，所謂超度做佛事，準是指的為亡者做念佛、誦經、拜懺、蒙山施食、焰口施食等的儀式，乃是以佛力超薦，使亡者往生佛國或轉生善道。

因此，對中國人而言，超度有兩種意義：（一）是為了隨俗，家中若有親人過世，習慣上應該延請僧尼或道士來念幾卷經，舉行幾次宗教儀式，方能覺得心安，否則不僅會遭親友議論，也似內心欠缺了什麼。請問這是為了超度活人，抑或是真為超度亡者？實在相當曖昧。為自求安心才延請僧道念經超度，此人不一定相信對亡者有用，只是不敢違背習俗。（二）是真為超度亡靈，相信佛法能使先亡超生離苦，在臨命終時為他助念。頭七期間，天天念經，七七之內，常做佛事，遍修供養，佛經中所說的道理及所稱的佛菩薩聖號，皆可使亡靈聽到、聽懂，將心中的怨恨、情結、放不下、捨不得及種種的執著，使之心開意解，不墮惡道而得上生善道，善根深的就能往生極樂世界阿彌陀佛的淨土，或依佛菩薩等的慈悲願力，薦拔亡者出離苦趣，此可以《地藏菩薩本願經》（以下略稱《地藏經》）所說為代表。

佛經中所見超度亡靈的方法，可以例舉兩則如下：

（一）《盂蘭盆經》，此經是世尊為目犍連尊者超度其已墮餓鬼道中的亡母而說。超度的方法，是於七月十五日僧自恣時，「具飯、百味五果、汲灌盆器、香油錠燭、床敷臥具，盡世甘美以著盆中，供養十方大德眾僧。」「其有供養此等自恣僧者，現在父母、七世父母、六種親屬，得出三塗之苦，應時解脫，衣食自然。若復有人，父母現在者，福樂百年；若已亡七世父母生天，自在化生，入天華光，受無量快樂。」這是以七月十五日供僧功德為超度先亡的佛事，並未在供僧時要求僧眾為亡者誦經念佛。

（二）《地藏經》在中國佛教圈中，流傳得相當深廣，因其提倡孝親思想，又提倡慎終追遠、超度亡親的法門，故也特別受到以儒家文化為背景的中華民族所推崇。在《地藏經》卷上〈忉利天宮神通品〉有云：「閻浮提造惡眾生，新死之者，經四十九日後，無人繼嗣，為作功德，救拔苦難，生時又無善因，當據本業，所感地獄。」《地藏經》卷下〈利益存亡品〉又云：「若能更為身死之後，七七日內，廣造眾善，能使是諸眾生，永離惡趣，得生人天受勝妙樂。」又云：「冥冥遊神，未知罪福，七七日內，如癡如聾……是命終人，未得受生，在七七日內，念念之間，望諸骨肉眷屬，與造福力救拔，過是日後，隨業受報。」這都是說明，人在死亡後的四十九天之內，希望能有親友眷屬，為之祈福超度，過了這段時日，則已轉生，隨業受報去了，超度雖仍有些用處，但已不立即有用。

特別是在頭七期內，更為重要，《地藏經》卷上〈如來讚歎品〉云：「假令諸識分散，至氣盡者，乃至一日、二日、三日、四日，至七日已來，但高聲白（宣布為亡者修福行善），高聲讀經，是人命終之後，宿殃重罪，至于五無間罪，永得解脫。」此乃說明人死之後在頭七期間超度最好。

不過，最有效的超度是在生前自己修行，所以《地藏經》卷下〈利益存亡品〉云：「命終之後，眷屬小大，為造福利，一切聖事，七分之中而乃獲一，六分功德，生者自利。以是之故，未來現在，善男女等，聞健自修，分分己獲。」若於生前尚未信佛，未修善法，死後七七之內的中陰身階段，才需要親屬代為修福超度。如在生前，早已信仰佛法，念佛迴向求願往生西方淨土，臨命終時，便有西方三聖——彌陀、觀音、勢至——一佛二菩薩來迎接引，親人善友為他助念，等於給他送行，使他信心增長，蓮位高升。故在諸經論中，無不諄諄教誨，人們當於在生之際，及時修行。

三、超度活人

超度活人，第一重要。釋迦牟尼佛成道之後，所說經法，諸部大、小乘經的主要對象，乃是人間的七眾弟子，其次是天神，故稱佛為「天人之師」及「人天教主」。

大乘經中如《華嚴經》、《法華經》的會眾，除了諸佛菩薩及二乘聖者，便是人間的七眾及八部天眾。三塗惡道的鬼、畜生、地獄的眾生，便無福報參與盛會。雖有《地藏經》卷上〈如來讚歎品〉曾說：「世尊……普告諸佛世界一切諸菩薩摩訶薩，及天龍、鬼神、人、非人等，聽吾今日，稱揚讚歎地藏菩薩摩訶薩。」可是此中的鬼神，是指多福鬼不是罪惡鬼或餓鬼，應被視為地居天及空居天。因此《地藏經》卷上〈如來讚歎品〉又說：「宣說地藏菩薩利益人天因果等事……為汝略說地藏菩薩利益人天福德之事。」《無量壽經》也是為了「開化一切諸天人民」而說。特別強調「利益人天」，這都表示佛法的超度主要是人；次要是天。

此在《增一阿含經》卷三十六，明言佛出世時，為人天廣演法教，得至涅槃，然而，眾生在地獄中、在畜生中、在餓鬼中、在長壽天者，都是「不聞、不睹」。《增一阿含經》卷二十六云：「諸佛世尊，皆出人間。」以人類的身體成佛，也以人類為其攝化的主要對象，所以佛的第一位在家弟子耶輸伽的父親是人，佛在鹿野苑初轉法輪所度的五位比丘弟子是人，佛的常隨眾一千二百五十位大阿羅漢全是人，乃至臨入涅槃之際所度的最後一位老弟子一百二十歲的須跋陀羅也是人。可見歷史上的釋迦牟尼佛，以及與佛相關的僧俗七眾，無一不是人類。即使是將來彌勒佛下生人間之際，他在兜率內院的那群弟子，也都要下生人間，以人類的身分，聽聞佛法，證解脫道。

對生者的超度，意思是運用佛法信解修證，超越三界的火宅，度過生死的苦海。

「火宅」的譬喻，出自《法華經‧譬喻品》云：「三界無安，猶如火宅。眾苦充滿，甚可怖畏，常有生老病死憂患，如是等火，熾然不息。」故以羊車、鹿車、大白牛車，比喻佛說二乘、三乘、唯一佛乘的方便法及究竟法，來將眾生度離三界生死火宅。「苦海」的譬喻，出典有多處：（一）《法華經‧如來壽量品》云：「我見諸眾生，沒在於苦惱。」（二）《楞嚴經》卷四云：「引諸沉冥，出於苦海。」（三）《大乘本生心地觀經》云：「常於生死苦海中，作大船師濟群品。」若從其前後因果來看，「火宅」是貪瞋等的煩惱，「苦海」是生死等的果報。眾生若不及時修學佛法，超脫三界的生死苦海，便只有永遠由於煩惱而造業，由於造業而受苦報，在受苦報之時又因有煩惱而造業，然後再受苦報，如此周而復始，生死流轉，就像是浮沉在無邊的大海中一樣。

在此茫茫的生死苦海中，如何抽身上岸，便不得不靠佛法慈航的救濟，那便是依靠佛說的三皈、五戒、十善、具足戒、菩薩戒，乃至戒、定、慧三學，以及六度四攝，自利利他。

佛陀最初在鹿野苑說法，便是轉的苦、集、滅、道四諦法輪。知道有苦，便不再造作受苦的因，要想根本上把苦滅絕，就該修證八正道、三十七菩提道品，以及三學六度等一切法門，不僅自求滅苦，也要助人滅苦，自利者必會利人。以上所舉的專有名詞，請查佛學詞典，或看佛法概論及佛教入門等書。我們就是要學懂它們，運用它們，來自度度人。

四、念佛超度

最容易的超度法門是念佛，不論時地，不揀根機，只要念佛，便得利益，若以目的而論，西方彌陀淨土的念佛法門，不用諱言，確是以死後往生極樂世界為主。但是《阿彌陀經》也說，那是一部「一切諸佛所護念經」，「若有善男子善女人，聞是經受持者，及聞諸佛名者，是諸善男子善女人，皆為一切諸佛之所護念，皆得不退轉於阿耨多羅三藐三菩提。」念任何一佛，皆能罪滅除愆，消災免難，得現在利益，也得後世利益。《觀無量壽經》也說：「合掌叉手，稱南無阿彌陀佛，稱佛名故，除五十億劫生死之罪。」該經又說：「如是至心令聲不絕。具足十念稱南無阿彌陀佛。稱佛名故，於念念中，除八十億劫生死之罪。」又說：「若念佛者，當知此人即是人中芬陀利花（清淨蓮華），觀世音菩薩、大勢至菩薩，為其勝友，當坐道場，生諸佛家。」念佛的人，他的人格高尚淨潔，猶如人中的蓮花，當然便是自利利人的表徵了。《無量壽經》卷下有云：「其有得聞彼（阿彌陀）佛名號，歡喜踴躍，乃至一念，當知此人，為得大利，則是具足無上功德。」聞佛名號心生歡喜，乃至僅僅一念，也得無上功德，何況常常念佛，隨處念佛。

永明延壽禪師的《宗鏡錄》中，常常說到：「一念相應一念佛」、「念念相應念念成佛。」只要念佛，不論散心、專心，都有功德，專精一心當然好，散心念佛也不錯，只要想念就念，念念都好。一念念佛，一念即從惡業妄想獲得超度，念念念佛，念念都從惡業妄想獲得超度，有人是一分鐘的超度，有些人是一小時、一天的超度，諸位在此念七天佛，便是七天的超度。隨喜組的菩薩們隨喜一炷、兩炷香的時段中，口清淨、耳清淨、眼清淨，便是從閒言雜語、吵吵鬧鬧、眼花撩亂的塵勞世界，得到片段時刻的超度了。

至於求得永久超度，是指大悟徹底的大解脫人，那是要付出持久的長遠心，常行菩薩道，日日增長智慧，時時心懷慈悲，自度度人。

五、自度度人

迷人須仗佛度，悟人乃是自度，起步時可靠他度，既上了路，有了方向，就要學著佛菩薩的悲願，發願自度度人。我曾見有位老人，尚沒有努力念佛修行，我去勸他，他卻說準備讓他兒孫在他過世後來超度。我也認識他的兒孫，都很孝順，我問他們的意見，他們幾乎異口同聲地回答：「當然是應該的，到時候要拜託師父您來誦經念佛，替他老人家超度。」他們都指望出家師父給予超度。

此次是打的清明報恩佛七。報什麼恩？報所有一切恩，主要是親恩。以何相報？以超度來報恩，超度誰呢？超度亡靈，也超度自己。實則是由於超度自己的念佛功德，使得已故的親友先亡，也獲得超度。不僅超度了自己，超度了亡靈，其實由於諸位的修行，改善了你的身、口、意三業的行為，回家之後，或在工作場所，也會以智慧及慈悲影響與你們相關的每一個人，所以也連帶著超度了日常生活中的親友及同事們，真是功德無量。

打完佛七，回到原來的生活中。你們自己的觀念、人格、言語、舉止、待人接物，都要帶點念佛人的味道，那是智慧、慈悲的精神，那便是表現了自己被超度也能超度人的化世功能。

（一九九三年三月三十一日農禪寺清明報恩佛七第四晚開示）

懺悔業障是恆課

一、懺悔的種類與方法

在佛七期間的每天晚上，我們都要唱誦〈懺悔偈〉，邊拜邊唱：「往昔所造諸惡業，皆由無始貪瞋癡，從身語意之所生，今對佛前求懺悔。」同時也勉勵大家，能在共修的功課之外，每天最少自動禮佛三百拜以上。目的是在懺除無始以來的種種惡業，消除無盡的障礙，得以順利地修行。

因此，今天晚上為諸位開示「懺悔業障」。

「懺悔」一詞，在大、小乘經律中，常常見到，也極受重視。因為懺悔的作用，就像我們每天都要洗臉及漱口一樣。由於大乘不到初地，不能六根清淨，小乘不到初果位，不能持戒清淨。原則上修到六根清淨位，才不致有心作惡造罪，故在凡夫位中的學佛大眾，必須每天懺悔，方能日新又新，日進又進。

「懺悔」本屬於戒律範圍的必修課目，三寶弟子是因受三皈五戒，乃至具足戒及菩薩戒而完成其身分。受戒而不犯戒，幾乎是不可能的事，但是《菩薩瓔珞本業經》說：「有而犯者，勝無不犯；有犯名菩薩，無犯名外道。」至於犯了戒怎麼辦，就用懺悔的方法來糾正。

懺悔的功能有兩種：1.是經過一次懺悔，便做一次自我檢討及自我的更生；2.是經過一次懺悔，便對自己的行為表示全部負責及全部承當。因為罪分兩類：未受戒者做了惡業，僅得「性罪」，不論是否受過佛戒，犯罪當受果報；已受戒者，做了惡業，除了性罪，尚增一類「戒罪」。戒罪之重者不通懺悔，輕者經過懺悔，即還得清淨。

懺悔的方式也有兩類：1.事懺，又名作法懺。犯了戒罪，大者於僧團集會做「羯磨」時懺悔，中者對一人懺，小者自我責心懺。戒罪便用事懺。2.理懺，又名實相懺或無相懺。是以實證無我的空性，親證一切諸法的本性皆空，罪性本空，由心所造，不論戒罪或性罪，一旦悟入實相無相，真性無性，便頓時消滅。此種理懺，似乎違背世間因果，其實不然，滅罪之意是指心中不再恐懼惡報，因其已將善惡苦樂，平等看待，不是逃債、躲債、賴債，然其仍對所造惡業負起全責。未悟實相者，被動受苦報，故有畏懼心；已證無相者，乘著願力，主動深入眾生群中，廣結善緣，普施救濟，雖亦受苦受難，確已是自由之心，故亦不以苦難為苦難了。此名為消滅罪業。

懺悔又有兩類：1.違背戒律之罪，用「制教懺」，唯局限現世現前所犯戒律，乃由出家的五眾僧團使用。2.違背道業之罪，用「化教懺」，通用於道俗七眾，也通用於大、小乘，並通用於三世十惡業道。

在我們中國的佛教界，已很少使用「事懺」或「制教懺」來分別以「作法懺」、「對首懺」、「責心懺」，舉罪、出罪、除罪了。倒是常用「理懺」及「化教懺」，來懺除種種罪業。不過禪宗大德及大成就者用「理懺」時，必須明心見性，親證本性無性，才達懺悔的目的。所以可有懺法儀軌，也可沒有一定的作法儀式。天台宗智者大師的《法華三昧懺儀》是圓頓止觀的四種三昧之一，是用事懺為方法，以達成理懺的目的。禪宗的無相懺，便無儀軌了。至於

「化教懺」，則為中國佛教僧俗七眾常用及通用的方法，例如「梁皇寶懺」、「慈悲三昧水懺」、「大悲懺」等均屬「化教懺」的一型。

「懺悔」這個佛教的專有名詞，是印度梵文的懺摩（kṣama）及漢語的悔過，音義合譯而組成的新詞。它有悔罪、滅罪、還得清淨之意，例如《大般涅槃經》卷十九云：「大王且聽，臣聞佛說：『智者有二：一者不造諸惡，二者作已懺悔……悔已慚愧，更不敢作……。』王若懺悔，懷慚愧者，罪即除滅，清淨如本。」

懺悔有無量功德，例如《大乘本生心地觀經》卷三所說：「若能如法懺悔者，所有煩惱悉皆除。」又云：「懺悔能燒煩惱薪，懺悔能往生天路，懺悔能得四禪樂，懺悔雨寶摩尼珠，懺悔能延金剛壽，懺悔能入常樂宮，懺悔能出三界獄，懺悔能開菩提華，懺悔見佛大圓鏡，懺悔能至於寶所。」由此可知，懺悔法門也是佛法的總持，若能修持得力，便是最上法門。

大乘各種修行懺法的儀軌，猶如密宗的壇城，要求莊嚴、供養、清淨、威儀整齊。如《占察善惡業報經》卷上、華嚴五祖宗密禪師的《圓覺經修證儀》、天台宗智者大師的《法華三昧懺儀》、四明知禮的《金光明最勝懺儀》，以及當今流行的各種如前所舉的懺儀，均有設壇、請聖、供養、禮誦等的儀軌。

如何測知懺悔之後的功德成效，可舉兩例如下：

（一）《占察善惡業報經》卷上云，如法懺悔之後，若得清淨，可能發生各種善相：「或有眾生得（身、口、意）三業善相時，於一日一夜中，復見光明遍滿其室；或聞殊特異好香氣，身意快然；或作善夢，夢中見佛色身，來為作證，手摩其頭，歎言：『善哉，汝今清淨，我來證汝。』或夢見菩薩身來為作證；或夢見佛形像放光而為作證。」

（二）《梵網經菩薩戒本》說，若有人受了菩薩戒而犯十條重戒中的任何一條，應教懺悔：「在佛菩薩形像前，日夜六時，誦十重四十八輕戒（即是《梵網經》的菩薩戒本），苦到（極誠懇地）禮三世千佛，得見好相，若一七日二三七日，乃至一年，要見好相，好相者，佛來摩頂，見光見華，種種異相，便得滅罪。」

這兩種懺悔法，都比較困難，若沒有適當的環境，及充裕的時間，不容易獲得成就。倒不如用念佛法門，輕易得多，不必一定要見異相，才算滅罪，例如《觀無量壽經》云：「如是至心令聲不絕……稱佛名故，於念念中，除八十億劫生死之罪。」這也就是我們為何要提倡阿彌陀佛淨土念佛法門的原因了，這也正是我要在此清明節的彌陀佛七期中，向諸位介紹懺悔法門的用意了。

二、轉變業障為福報

業障有兩層涵義：（一）由於從事某種行業，無暇修學佛法也不想修學佛法。（二）由於造了種種不善惡業，以致招來種種先天性及後天性的障礙，無法修學正信、正行、正知、正見的佛法。因此若加以細分，便有業障、報障、煩惱障，更細分之則稱為八萬四千障門，包括身心環境以及來自鬼神妖靈的魔障。業障多非從外來，乃是唯心所造，自心所現，自作自受；也有外魔的因素，懺悔也能消除。

業障、報障及煩惱障，三類可歸結成一個項目，那就是「因果」。造因一定得受果報，任何一種障礙都起因於「種如是因、得如是果」。

業障的果報有時會讓人誤以為是「福報」。例如見人養尊處優，站在佛法的角度看不是福報，因為享福不是有福，惜福、培福，才真有福。

有些人一生都很辛苦，苦得像我一般，請問這是哪一種果報？就我而言，我心甘情願地每天過這種辛苦忙碌的生活，我是在還債，還得愈多，債主就愈少，我愈是歡喜。這種作法端視個人的感受如何？是否能以佛法的觀念來衡量，如果能應用佛法的觀念，世間的福報，不就是苦報的開始嗎？福報享盡了，緊接著就是苦報的降臨。如果我們現在能把握機會，無視於辛苦，不計較侮辱，且又能幫助別人解決苦難，更不為自己的名聞利養，不斷地努力求進步，盡自己所能奉獻給需要幫助的人，實際上這就是在求福、培福。

平時能在自己的食衣住行各方面節約不浪費，又能將多餘的財物用來助人，這種行為看起來似乎是自討苦吃，乃至會被譏為「有福不知享福」。如果我們抱持這種怕人譏毀，因之而不願修福的想法，就是一個愚蠢的窮人；反之，能如是行，又持之以恆，才稱得上是個有智慧的富人。

記得有一位居士時常送菜給我們的道場，結果，廚房的執事者認為菜量反正夠多，就專門挑選細嫩的葉子，而將老葉及根去掉，那位居士看到之後，一聲不響地將老葉、菜梗通通撿起來準備包回家，於是我們的住眾就問：「某某居士，你不是已將這些菜都布施給我們了嗎？為什麼要將那些東西又帶回去呢？」他說：「你們不吃的，我能吃，只要將葉子醃一醃就變成鹹菜，或者用來煮湯也是一道很好而營養的菜湯；菜梗或根的部分，將老皮削掉，用鹽巴漬一漬比什麼都好吃，如果你們想吃，等我做好了再拿來供養你們。」這真是一堂非常精彩的教育課。從此以後，我們的出家眾，再也不敢任意亂丟東西了。

修行不得力，是因為善根不深厚，那就是障礙；心中有煩惱是業障，想修行偏偏又找不出時間來，老是有人有事阻撓你，也是障礙。這都是由於過去世造的業因，此生才產生種種的障礙，無論是生活上、心理上、身體上、環境上、人事上，都可能有阻礙。或許有些人會認為自己本身是沒什麼問題，都是環境的問題，例如想參加精進佛七，結果老闆不准假，長官不簽字，或家人突然發生情況等。

這回有一位居士來參加佛七，結果到第三天便堅持要離開，我問他：「是什麼原因？」他說：「我本想打完這次佛七的，但是他不讓我繼續下去。」「他是誰？」「是我的身體，實在無法支持下去了，所以，要提前離開。」他的身體叫他不打完佛七，他的身體究竟是誰呢？是過去世帶來的業障！如果他能堅定打完佛七，他的身體便不是業障，而是福報。

也有人在念佛時，心裡很煩，無法安心，愈是無法安心，就愈討厭念佛。問他：「為什麼？」推說「念頭多」，他自己也弄不清楚，他雖是不想什麼，念頭就是會自動跑出來。這種念頭是什麼？也是從過去世帶來的業障，如果他能專心念佛，每一個念頭都在念佛，他的念頭，便不是業障而是福報。萬一你在念佛時，只見業障重重而不見福報現前，又如何來消除業障呢？當然是至心懺悔。

三、願消三障諸煩惱

三障是指如下的三類：

（一）業障：狹義的業障是指職業，有些職業會使得人們沒有辦法照自己的意思來修行佛法，例如世代養豬、養牛、打魚、賭博等行業，一時間無法改行。也有些人一年三百六十五天，天天都要工作，又有些人，都在夜間工作，白天需要睡覺，對於修行佛法而言，都會構成職業上的障礙。

（二）報障：是指身體與環境，我們的身體是不可能盡如我們的願望，想做什麼就做什麼。例如你很想去聽經、聞法、修法，結果身體或環境會促使你無法如願修行佛法，這就是報障。如果生而為牛、馬、豬、狗等動物的身體，就不知要來學佛，即使善根深厚，想打佛七，也不會被佛七的道場接受。縱然是寺院中放生的動物，亦無法參加共修念佛與拜佛，這就是報障。又如，盲人見不到莊嚴的佛像，聾子聽不見微妙的法音，啞巴不能用口弘揚佛法，這些人可能是菩薩示現，多半則是由於報障。

（三）煩惱障：就是指的「心不由己」，時時在心裡產生各種各樣莫名其妙的煩惱，例如貪、瞋、嫉妒、驕慢、懷疑、恐懼、駭怕等等。追求這樣又討厭那樣，希望又失望……這些問題常在心中翻騰不已，使自己困擾不已，不但念佛不易專心，連在吃飯也是胡思亂想。由於煩惱重，而不能修學佛法，便是障礙。

以上的解釋，應該是合理的，但在經論中，對於三障的通釋是指「障正道害善心」者有三種障：1.煩惱障，即是貪欲、瞋恚、愚癡等惑；2.業障，即是五逆十惡之業；3.報障，即是地獄、餓鬼、畜生等報。

依據《阿毘達磨發智論》卷十一所載：「如說三障？謂煩惱障、業障、異熟障（即是報障）。云何煩惱障？謂如有一本性，具足熾然，貪瞋癡煩惱，由如此故，難生厭離，難可教誨，難可開悟，難得免離，難得解脫。云何業障？謂五無間業。云何異熟障？謂諸有情處，那落迦（地獄）、傍生（畜生）、鬼界（餓鬼）、北拘盧洲（福報太好不易學佛）、無想天（純係外道的天界）處。」

我常說：佛法如此好，為什麼知道的人這麼少，誤解的人又如此多？是由於我們弘法的人才太少了，也由於有此三障的眾生太多了。所以佛教界應該多培養弘法人才，知道佛法好而無緣修學的人，以及有緣接觸佛法卻有種種障礙的人，應該奉勸他們用懺悔法門，消除三障。

奉勸正在學佛念佛、修行佛法的諸位善知識：若能時時處處都懷有一顆懺悔的心，障礙自然漸減，相反地，若不知慚愧與懺悔，則障礙重重。懺悔的意思是承認自己有病，知道自己通身是病障，必定要尋醫、求治、吃藥，如此則所有諸種病障，自然漸漸消除；若不知道慚愧與懺悔，則是「諱疾忌醫」，病必加重，進而演變成不可救藥的絕症了。所以，懺悔業障，是佛教徒們天天要修的恆課。

（一九九三年四月一日農禪寺清明報恩佛七第五晚開示）

帶業消業生淨土

一、修淨業和消罪業

諸位善知識：我們在佛七期間的每晚進行「大迴向」之後，都有發願「求生淨土」的禮拜。是不是能生淨土？當然不容懷疑，但是修行西方淨土法門的人，善根有深淺之別，修行的時間有遲早之異，修持的工夫有勤惰之差，業障也有多少不等。所以凡夫往生佛國之時，《觀無量壽經》說，蓮花分有九品。《無量壽經》說，諸有眾生，往生佛國，分作蓮花化生及邊地胎生的兩類：蓮花化生者分作三輩；邊地胎生乃收不信佛智，但信罪福而願生彼國之人。往生佛國既有高下、中邊的不同，往生的條件，自然也有消業往生與帶業往生的不同了。

根據《觀無量壽經》的要求，是說：「一切凡夫，欲修淨業者，得生西方極樂國土，欲生彼國者，當修三福。」三福即是往生淨土的「淨業正因」。所謂三福淨業，便是：

（一）孝養父母，奉事師長，慈心不殺，修十善業。

（二）受持三皈，具足眾戒，不犯威儀。

（三）發菩提心，深信因果，讀誦大乘，勸進行者。

此中第三項內的「發菩提心」，依唐初迦才的《淨土論》說，當含攝：止一切惡、修一切善、化一切眾生的三聚淨戒全部內容。

《阿彌陀經》也說：「不可以少善根福德因緣得生彼國。」雖有古大德認為只要一心念佛，便是多善根福德因緣。然若對照《觀無量壽經》所舉三福淨業，應該就是《阿彌陀經》的善根福德。可知往生彼國的先決條件，是自修三福淨業，並勸他人共修三福淨業。

《觀無量壽經》「上品上生」條下說：「若有眾生，願生彼國者，發三種心，即便往生。」即是發：1.至誠心，2.深心，3.迴向發願心。又說：「復有三種眾生，當得往生。」即是：1.慈心不殺，具諸戒行；2.讀誦大乘方等經典；3.修行（佛、法、僧、戒、施、天）六念，迴向發願，願生彼國。一日乃至七日即得往生。此項往生的條件，除了用心及修六念，也要持戒，以助長善根福德。

當然，往生的條件，尚有淨土三經共同提揚的稱名念佛，以及《觀無量壽經》的觀像、觀想。此三經中所說的法門，不論觀像、觀想、實相或稱名的念佛法門，都有消除罪業的功能。若修觀成就，便可消若干劫生死重罪；乃至聞經題稱佛名亦能消業，如《觀無量壽經》「下品上生」條說：「如此愚人，多造惡法，無有慚愧，命欲終時，遇善知識，為說大乘十二部經首題名字，以聞如是諸經名故，除卻千劫極重惡業。智者復教合掌叉手，稱南無阿彌陀佛，稱佛名故，除五十億劫生死之罪。」又云：「以汝稱佛名故，諸罪消滅，我來迎汝。」由此經文看來，似乎是說，凡是往生淨土的眾生，在臨往生佛國的前一念頃，一切罪業，皆已消滅了的。然在同經「下品下生」條的末尾數句經文又說，往生佛國之後，於蓮華中住滿十二大劫，花開得見觀音、勢至二大菩薩，「為其廣說諸法實相，除滅罪法」。於此可見，至少下品下生的眾生，往生極樂國土之時，罪業並未全消。不過《觀無量壽經》自稱，這部經亦名《淨除業障生諸佛前經》，而且尚有一卷劉宋時代天竺三藏求那拔陀羅譯出的《拔一切業障根本得生淨土神咒》，教受持阿彌陀佛法門的人，受持此咒法，當「漱口然香，於佛像前胡跪合掌，日夜六時，各誦三七遍，即滅四重（比丘戒）、五逆、十惡、謗方等（大乘）罪，悉得滅除，現世所求皆得」，「臨命終時任運往生」。誦滿二十萬遍，感得菩提芽生，若誦滿三十萬遍，即面見阿彌陀佛。這是強調用心持誦此咒，即能現在拔除一切業障，並且可得現世利益，更得往生佛國利益。無怪乎，晚近有位藏密學者陳健民，主張消業往生是可以辨得到的。

大、小乘聖者消滅罪業後往生淨土是不爭之論；三昧成就，理懺成就，親證實相無相者，消業往生，也當可以理解；至於具縛的煩惱凡夫，僅憑念佛名號，信願往生彼國者，也可消業往生，便不易為人接受。那唯有強調依靠彌陀本誓願力的救拔，以及密乘神咒的加持了。

二、多消少帶最可靠

根據我在第二天晚上所講淨土既有四種，那麼我們信佛學佛的人就沒有一人不生淨土。可是西方極樂世界的淨土是阿彌陀佛的願力所成，須仰仗阿彌陀佛的願力方能往生。是不是每個人都可以去呢？根據《無量壽經》所載四十八願中的第十八願所說，只要求生阿彌陀佛的淨土，乃至僅僅十念稱名，也一定可得往生，這是由於阿彌陀佛願力加持的緣故。可是，如果根據《阿彌陀經》則要念佛念到一心不亂，又說：「不可以少善根福德因緣得生彼國。」意思是說，如果有人，念佛未得一心不亂，加上善根淺，福德薄者，就不能生彌陀的淨土。《無量壽經》的第十八願說，除了犯五逆罪及誹謗正法的人，一切眾生凡是欲生彼國者，都得如願往生。然在《觀無量壽經》卻說，五逆十惡之人亦為阿彌陀佛的念佛法門，收為極樂國土的下品下生。因此，在淨土法門中就產生兩派觀念：一派是至少人人可以帶業往生佛國的下品下生，另一派認為往生之時業障必已消除。

曾經有一位老先生向我預約說：「師父啊！當我死後，我希望往生到極樂世界。」「如何去？」「師父要幫助我。」「誰先去？」他想了又想說：「師父，當然是你先去。」他是盼望我趕快往生，然後帶他同生西方淨土。其實只有阿彌陀佛才有這種力量。《無量壽經》說，那是因為久遠劫前，世自在王佛的時代，有一位法藏比丘，他是阿彌陀佛的因地菩薩，早已發了這種誓願，願在成佛之後成就清淨國土，接引一切眾生。

所謂「願生西方九品蓮」，意思是說，九品蓮花都是依靠阿彌陀佛的本願將凡夫眾生接引而去；蓮花化生的世界，既是凡夫生存的世界，當然還有煩惱，這就是帶業往生，而不是消業往生，須仰賴阿彌陀佛的願力救拔，雖然自己修行不夠，不能解脫，但還可以往生西方佛國淨土。其實能有九品蓮花，縱然是下下品蓮，也比沒有的好。

如果我們的信心不足，時常存著：假如真有西方極樂世界，嗯！也可以去看看。於是半信半疑、半推半就之下，跟著別人行善、念佛、修供養布施。請問這種人是否能生西方淨土呢？當然可以，不過只能往生在淨土的「邊地」，什麼叫作「邊地」？是胎宮、也是蓮胎，這是指蓮花尚未開，以相當長遠的時間，坐在蓮花胎中，既無罪報，福如天國，就是缺少聞法修行的機緣。

雖然說，臨命終時，十念彌陀名號即可往生淨土。如果我們平時不信佛、不念佛、不修供養、不種善根，僅靠臨命終時求願往生是太冒險了。生前不念佛，臨命終請助念團來助念求往生，當然也有用，畢竟不如自己及時念佛更可靠。我們必須在一聽到佛法時，不論年齡老少，均應馬上念佛、持戒、修供養、種善根、修福德，才有往生較高蓮位的希望。

修行淨土法門的人，不可自私自利僅求自己能往生淨土就好，而不管這世間還有許多的眾生在苦難之中受折磨，我們要以慈悲和智慧來幫助救濟眾生。這就是發菩提心，實踐菩薩道的三聚淨戒。

古代祖師們解釋《阿彌陀經》中的「善根、福德」，是要眾生多念佛、常念佛、勤念佛。所謂「念佛」也有兩種方法：1.用口出聲念，是有相念佛；2.用心思惟念，時時刻刻與佛的慈悲和智慧相應。不論出聲不出聲念佛，念念與佛相應，方謂之真念佛；工夫深了即成實相念佛、無相念佛。有相念佛尚是帶業念，無相念佛，即成消業往生。

其實準備帶業往生的人也須學著消業，一點一滴地慢慢消除，此生雖沒有辦法全部斷盡所有的罪業，罪業消得愈多，則蓮品的位子也升得愈高。否則，連想得到下品下生也會有問題了。

記得在一星期前，有位女居士前來請問我說：「師父，有人說定業不可轉，如果是真的如此，則我們懺悔、念佛、修善都沒有用了，反正該受的果報就是要受，修行根本沒有用，是不是？」我問她：「這話是什麼意思呢？」「我父親已病一年多了，我什麼都做了，譬如到廟裡燒香許願，替菩薩裝金身，也供養了僧眾，請他們誦了《地藏經》，拜了水懺，也積極地參加了梁皇寶懺的法會，可是我的父親並沒有好轉起來。」「你父親現在多大年紀？」「八十三歲。」

接著我告訴她：「「業」雖然有定與不定的問題。可是「罪性本空」，罪業的本性是空的，只因為你的心不空，所以會受報。如果你的心已實證諸法無我，則無罪、無業，當下即是解脫。

於是她要我教她父親心空的方法，如果心空業消，病就應該好了。問題是她的父親能夠觀色即空嗎？能夠觀法無我嗎？若不能則心不空，業也未消。如影隨形走，不能說只要身體而不要影子。除非心無執著，既無分別，也沒有心，無心就無我，無我當然亦無罪業的果報體了，一旦心病醫好，身體的病也會轉好，這是消災延壽的最高法門。這位女居士聽後非常地高興，希望趕快回家告訴她的父親，心空就可消業除病的好方法。不過，我也告訴她，若依念佛法門，縱然未得心空，也能業消病除。

對凡夫而言，希望求生西方極樂世界，就必須在生時勤於念佛，勤修供養，廣種福田，以報恩的觀念來消自己的業障。這也是我們法鼓山提倡「提昇人的品質，建設人間淨土」的理念，用此來協助凡夫多消一點罪業，生前多消一分罪業，西方的蓮花品位，也就跟著升高一點、長大一些。

（一九九三年四月二日農禪寺清明報恩佛七第六晚開示）

西方淨土與人間淨土

一、清明報恩佛七開示一

（一）環保餐巾

在齋堂裡，為了提倡環保，以耐久的棉質小手帕，代替餐巾紙，使用過後，清洗曬乾，繼續使用。不僅在佛七期間使用，佛七圓滿，帶回家去，再到農禪寺時，仍請隨身帶來，並且希望諸位，到其他任何地方用餐，也都養成用環保餐巾手帕與環保餐具隨身攜帶的習慣。佛七期間，手帕免費結緣。平時來寺須請提供成本用錢買，用到不能再用為止，如果即用即丟，那又違反惜福有福的道理原則了，物盡其用，不可浪費糟蹋了自然資源。

（二）時時處處一聲佛號

今天是星期假日，可能有很多隨喜菩薩或你們的親友來寺參加念佛，可以見面，但不可談話。昨晚我已開示過了，你們在任何時間的任何地方，心中、口中只有一聲佛號。在佛殿上繞著經行是出聲緩慢念，坐下之後，先以出聲快念，愈念愈快，然後止靜，則用默念。出聲念時不論快慢，均應把心置於佛號，隨眾念佛；默念之時，也以同樣的速度用心默念。若你獨自在工作、經行、喝水、吃飯、上洗手間，也無一處不是念佛的時間。

（三）社會福利

下午四點，臺北市的黃大洲市長等，特來看我們，我們代表農禪寺信徒的全體大眾，將一年來零星捐入的社會福利善款，分作三筆捐出：1.臺北市政府的社會局，2.農禪寺直屬地北投區的社會科，3.法鼓山所在地金山鄉的消防隊。這三個單位大約有十數人來寺參加受捐儀式，由黃市長代表受款。這是我們佛教徒為社會提供的奉獻，包括你們諸位在內的本寺全體信眾，因此也獲得無量功德。

（四）難修易修

念佛是易行的方法，也是難修行的方法。所謂易是指的只要念「南無阿彌陀佛」的六字洪名，就能修行得力。所謂難是指的要念至心無雜念，日夜二十四小時不離佛號，那是念佛三昧的完成，就很困難了。

（五）午餐後休息片刻

我們早上四點起床，晚上十點休息，只有六小時不到的睡眠，若是體力很弱感到很睏的人，在飯後，工作結束時可到寮房躺下來休息二十分鐘。與其下午打瞌睡，不如先去睡一會。如果不想餐後去休息，在佛殿上可以拜佛、經行，不可遊蕩、談話。有好多隨喜念佛的菩薩們，請利用這段時間好好念佛，不要交談，以免影響他人用功修行。若想說話，回家再說。

（六）只念佛不說話

精進組的菩薩們，佛七期間要做到視而不見，聽而不聞，絕對禁語不講話。

禁語的原因有二：1.內心的話不須向外說，養成不脫口而出的習慣。所謂病從口入，禍從口出，禁語是教我們不僅謹言惜語，而要話到嘴邊也不說，有了煩惱向內消，就不會影響他人，也不會苦惱自己了。2.我們是來念佛修行的，平時話說得太多了，心中胡思亂想的事也很多，好不容易有此七日專心念佛的機會，實是難得的因緣，應好好把握，哪有那麼多時間來說閒話。

第一晚我已說過，在任何時地都應該念佛，無論出聲或默念，心中只有一句佛號。聽到別人說話，或其他噪音，心中要一邊念佛，一邊觀想那是極樂世界的依正莊嚴，在用不同的聲音念佛，看到的一切形相，都是極樂世界的依正莊嚴，聽到的一切聲音，都是在念佛、念法、念僧。

如果你不小心地說了一句話，或者心中也忘了念佛，馬上要起慚愧心，告訴自己：我是來念佛修行的，不是來聽人說話、自己雜語、胡思亂想的。就這樣一次又一次地起慚愧心，糾正自己，漸漸地自然就能專心念佛了。

（七）以慚愧心念佛

時時刻刻用口念、用心念。用自己的心，照顧自己念佛的聲音和念佛的心。照顧就是觀照自己是否正在念佛。一旦發現自己離開了佛號，馬上要提起慚愧心，再把佛號提起來。所謂慚愧心，並不是要我們非常地難過悔恨，而是知道之後立即改過就好。當然，起了慚愧心以後，就是懺悔，如果知過不能改進，就要用懺悔心來拜佛了。

（八）如何迴向

另一觀念告訴諸位：發現許多人，成天念佛，也常常迴向。有的人念佛，希望為自己消災、滿足一種心願，有的人念佛，是希望家人或自己的事業成就、業障消除、家庭平安、身體健康，希望以念佛功德迴向。

迴向現世利益也是正確的；不過在此七天之中，不要時時做迴向，因你們來參加佛七，已有迴向的心，而且每天念佛功課告一段落會唱〈迴向偈〉，每天晚上又有大迴向，所以應該不斷地念佛，不可老是做迴向而誤了念佛的時間，擾亂了專心念佛的工夫。

（九）清涼世界

今天的天氣很涼，涼是代表清心寡欲，代表清涼境界，也是代表智慧。煩惱愈少，感覺到的世界愈清涼，煩惱愈多，看到的世界便像是大火正在燃燒。即使在炎熱的天氣，若能念佛念到心無牽掛，就會感覺到這個世界是無憂無慮、自由自在的，也能體會到距離佛國淨土愈來愈近。

因為信佛信得愈懇切，稱念佛號念得愈深沉，煩惱也就愈少。只要願生西方淨土，臨命終時阿彌陀佛一定會來接引，蓮花化生的品位也就愈高愈大，那便是清涼世界。

（十）專修持名念佛

念佛法門，本有觀像、觀想、實相、持名等四種，天台智者大師主張從禪觀而入實相。到了明末的蓮池大師，主張體究念佛，勸修念佛三昧。清代尚有幾位禪淨雙修的大師修般舟三昧。

然到民國初年的印光大師，特重《阿彌陀經》的執持名號，認為實相念佛難中之難，非今日下根之人所能企及，主張持名念佛，下手易而成功高，乃是全事即理，全妄即真，能使念佛之人，現世預入聖流，臨終隨佛往生，開佛知見，同佛受用。他一掃禪淨混淆、將理作事的取巧風氣。他以為此際末法時代，欲出五濁惡世，除了專修西方淨土的持名念佛，別無其他法門可依。這也正是近世以來數十年間，中國佛教界的念佛風氣大行的主要原因。

（十一）老實持名念佛

我也鼓勵大家，虔誠修行持名的念佛法門，這是既能使我們於臨命終時，決定往生佛國，現世之中也能提昇人品、消業除障、自利利人。若能念佛懇切，工夫綿密，也有豁然心開的境界出現。

因為持名念佛的本身，即是禪觀的修行方法之一，故在禪宗第四祖道信的〈入道安心要方便法門〉中，特別引用《文殊說般若經》所示一行三昧的修法：「繫心一佛，專稱名字。」不過淨土經典中的《觀無量壽經》，所說「是心作佛，是心是佛」也被道信大師引用。可見禪淨二門本來一家，方法可以互通，只是不得以偷心取巧。

持名念佛，業消障輕，心中自然安靜，所見世界，也會自然清淨，所見諸人，不論順逆因緣，也可視作助成菩提大道的諸上善人，無論他們以何種態度對待我們，都能增長我們的淨土資糧。

如果能以蓮池大師所說「老實念佛」的心態來持名念佛，雖不求自己的利益與安樂，事實上會使你左右逢源、得道者多助；縱然遭遇橫逆，也能逢凶化吉。那就是念佛的現世獲得安全保障，未來確定往生淨土。

以清淨心老實念佛，把自己所有的執著心和自私心，漸漸放下而專心一意念佛，感受和觀念自然會改變；轉三界火宅成清涼世界，變無明煩惱為智慧之海，化貪欲瞋恚為慈悲之懷。此時見此世界所有的眾生都是菩薩，現世即已約略體會到了西方極樂世界的依正莊嚴。所以念佛的功德實在太好了、太大了，請諸位要老實念佛。

（十二）阿彌陀佛有十四個稱號

諸位蓮友，我們每天念阿彌陀佛，而其意義，可能有些人尚不知道。依據《無量壽經》的介紹，阿彌陀佛又名無量壽佛、無量光佛、無邊光佛、無礙光佛、無對光佛、炎王光佛、清淨光佛、歡喜光佛、智慧光佛、不斷光佛、難思光佛、無稱光佛、超日月光佛等共十四個尊號，都代表著阿彌陀佛的智慧廣大與慈悲廣大。

也可以說，若能修持阿彌陀佛的念佛法門而蒙佛眷顧，便能在一切時、一切處，永遠而普遍地用智慧和慈悲之光，給我們平安、勇氣、毅力、健康、幸福、歡喜、快樂、清淨，而且是無比的、最好的、不可思議的。雖有愚昧的眾生拒絕他，他則永遠不會對任何眾生失望。眾生如果有了煩惱障礙，有了業障現前，只要持名稱念阿彌陀佛聖號，便會心開意解，心胸豁達。

（十三）阿彌陀佛便是智慧及慈悲

世間一切事物狀況，皆是由先後的因果關係所造成，也是由不同的因緣關係所形成，所謂因果不可思議，因緣不可思議。凡事凡物，一切狀況，我們只得盡力而為，卻不可能隨心所欲，想到什麼就能得到什麼。愚癡的凡夫不了解這層道理，所以希望事事稱心如意，一遇到阻礙，不是怨天尤人，便是失去自信，生起煩惱。這就需要念佛，祈求阿彌陀佛帶來智慧之光。

放不下自己是沒有智慧，放不下他人是沒有慈悲。能做如此想，對一切人都會生起同情心與尊敬心，同情人家也是具縛的凡夫，尊敬人家也有獨立的人格。如對人家的苦難和麻煩，沒有條件地伸出援手，便是慈悲心了。如果不為任何目的，時時以幫助和諒解的心對待他人，即是菩薩心腸了，也是菩薩的慈悲。菩薩是成佛的預備階段，修行人稱為菩薩，就是學習佛的慈悲和智慧。念佛的人，等到慈悲與智慧圓滿之時，也即是佛了。

在我寫的〈四眾佛子共勉語〉中有兩句話：「慈悲沒有敵人，智慧不起煩惱。」實際上，若能將之發揚光大，便是阿彌陀佛的無量壽、無量光、清淨光、歡喜光、智慧光。以無量的壽命永遠救度眾生，以無量的智慧普遍光照眾生，以無量的慈悲平等關懷眾生。

修行念佛法門，應當知道阿彌陀佛的意義，若要親自體驗其意義，用智慧和慈悲來發願迴向自己求生佛國淨土，也發願希望一切眾生因我們的念佛功德而能全部往生佛國淨土，這就是迴向發願心。

（十四）淨念相繼入流亡所

若以「深心」念佛，當下就離煩惱的痛苦；若以「專心」念佛，便會發現煩惱本不住在心內；若以「一心」念佛，念念都是阿彌陀佛，便是《楞嚴經》中所說的「淨念相繼」；若以「無心」念佛，立即會失去能念的自己和所念的佛號，便是《楞嚴經》所說的「入流亡所」。念佛而得一心，蓮池大師說，有事一心與理一心，心無妄想是事一心，心中無我即是親證實相般若的理一心。天台智者大師創「一念三千」之說，依據他的《法華三昧懺儀》所示，智者大師的「一念」是通於凡聖十法界的，凡夫的一念妄心，亦即具足三千功德。可知天台雖立四種淨土，然在任一土中，全攝其他三土；任何一念之中，也常事理具足。不必管他事一心或理一心，也不必管他是凡是聖，只要把握當下的一念心，就是十方三世一切諸佛的全體大用。以此來看念佛功德，不論散心念佛或一心念佛，都有無量功德，都能如印光大師所說的「現生預入聖流」，此亦即是天台宗的圓教所攝。

至於如何把握住現前當下的一念心，還是要修觀行，天台四種三昧中的常行三昧，即是以九十日為期，恆持阿彌陀佛名號，日夜無有休息，步步聲聲念念，唯念阿彌陀佛。

（十五）三等念佛人

念佛的目的有三等：1.有一等人，念佛是求消災延壽、癒病、健康、超度先亡。2.有一等人，念佛為求命終之時往生西方極樂淨土。3.有一等人，念佛之時，念念佛號念念淨土，念念佛號念念之中體現佛的無量功德。此三等人，前不及後，後全攝前。我們若用賺錢為喻，第一等人是賺的鐵錢，第二等人是賺的銅錢及銀錢，第三等人是賺的金錢與鑽石。若僅取得鐵錢，一定換不到銀錢與金錢；若已取得金錢與鑽石，必定可以購得鐵錢、銅錢、銀錢了。所以我要奉勸大家：既來參加佛七，聽到了念佛法門，當然要有目標，不過不要老是把目的停滯在第一等層次。

要如何拿到金錢呢？許下弘願，痛下決心，來以深心念佛、專心念佛、一心念佛，乃至進步到達無心念佛的程度。

（十六）一念念佛時一念見淨土

當然，不可性急，一心念佛與無心念佛是比較不容易做到的事，至於第三等念佛人的心態及觀念，則是可以信心來試著體會。至少可以了解，口中出聲念佛，心中知道是在念佛，一念接著一念，一聲連著一聲，相信自己在念阿彌陀佛，阿彌陀佛的本願功德，全在每一聲的佛號之中，也全在自己當下念佛的一念之中。這應該是可以做得到的。我們若能如此，則一念念佛時，一念見淨土，念念念佛之時，念念得見淨土。見的是什麼淨土？當然是阿彌陀佛的淨土，那是自心中的淨土，也未離開西方的淨土，這就是與四種淨土相接相連，不一不異的人間淨土。

（十七）珍惜自然資源

諸位菩薩，下午請諸位忍耐些，因為斷水，故不要洗澡、洗衣服，連上廁所洗手也要盡量節約用水，否則明天可能就沒水喝了。現在我們使用的是水塔的水，存量已不多，必須用於飲食方面。這個世界的自然資源都是有限的，在豐衣足食時要想到饑荒貧窮的日子，浪費了則整個地球的資源就減少了。水也是我們的福報，有水用時，總覺得水不值錢，缺水之時，水比黃金更貴，沒有黃金不會死人，沒有水喝則活不成了。當大旱災來臨時，滴水難求，求天天不應，呼地地不應，那都是由於福報不夠，才會有災難降臨。今天倒是很好的教材，打七期間竟然斷水，是教我們大家今後節約用水，也要珍惜所有的自然資源。

（十八）感恩與報恩

這回我們打的是報恩佛七。我們如果能以報恩心來生活、做事、修行，定會充滿著感激，而不會有怨恨、失望、不服氣、不平衡、不公平的想法。不論做任何事都是為了報恩，報答父母、師長、三寶、國家、社會、一切眾生的恩惠。所有的付出，不論是責任或義務，乃至種種不合情理的敲詐勒索，都不是受損，也不是還債，而要視作是報恩還願。當我們吃喝的時候，用到身體的時刻，用到社會資源及自然資源的時候，都要心存感恩。見到任何人的場合要珍惜此份因緣，遇到任何事發生，有利的不必太高興，有損的也不必怨恨。若能念佛，必然會對順逆諸境，一律以平常心看待，以感恩心處理。如果能以感恩心面對生活，就會有護法神王保佑，會有種種善法、善境界出現，就會有法喜充滿的感受。至少對於惡境現前時，不至於失去智慧的抉擇及慈悲的襟懷。

（十九）如何報恩

佛七圓滿後，每人都當立志要做一個報恩的人。首先給家人更多點照顧，更少一點麻煩。以布施及供養三寶來幫助更多的人接受佛法、修學佛法；提供休閒的部分時間，參與義工的工作。自己修持佛法而得利益，也幫助更多人來修學佛法獲得利益。

當我在做小沙彌的時候，無人供養，冬天沒有棉衣，還得由貧窮的父母將維持一家人口糧的麥子賣掉，換取棉衣送到寺院。當時曾想：待我長大後一定要好好報答父母之恩。可是如何報恩呢？至今父母早已與世長辭，只有以父母生我的身體，好好地修學佛法、弘揚佛法，使得更多的人修學佛法、弘揚佛法，離苦得樂，來報父母之恩了。我也欠了剃度師的很多恩，包括先後兩度出家，他們將我帶出塵世，走上學佛修行的路，恩深逾海，德厚逾天；尚有傳法的和尚、授課的老師、授戒的戒師等，都是我的大德恩人，無以為報，只有每天於課誦之時，為他們禮拜，並將受自他們的恩德，普施一切有緣的眾生，做為報恩。

（二十）萬行菩薩結萬人善緣

在這次佛七中，有許多來做外護的菩薩，知客處的接引照顧，環境的整理打掃，每晚在大門外，為來隨喜念佛的菩薩們冒著風雨指揮交通，還有在廚房發心的菩薩們最辛苦，每天起早待晚，為我們數百人乃至上千人料理飲食。他們只希望以成就我們大家修行，來報三寶恩、父母恩、師長恩、眾生恩、國家恩。因為我們的修行，改變了我們自己，對於各自相關的親友和廣大的社會，會產生正面積極的影響，會為許多人帶來利益。所以那些護持道場、護持佛七的義工菩薩們，也是在修行佛法、弘揚佛法。我們萬不可只想到在佛殿上念佛的人才是報恩、才是修行。其實，那些護持我們修行的菩薩們，也是在修行，而且是大修行。故願你們這次打七念佛的人，下次也來發心護七當義工。此在我們法鼓山的團體中，被尊稱為「萬行菩薩」，大家都用各自的所知所能及所有所長，來結萬人的善緣，也讓萬人結各自的善緣。我們的人間淨土，就是要靠這樣的信念和行動來建設的。

（一九九三年三月二十八日至四月二日於農禪寺清明報恩佛七開示）

二、清明報恩佛七開示二

（一）懇切・歡喜・佛號不離

諸位蓮友，阿彌陀佛！我們現在開始進入清明佛七的修行階段，請大家用懇切心、歡喜心，來修行七天的念佛法門，最好把念佛七看作是又一次新生命的開始。我們平常是用散心念佛，在佛七期間要用專心念佛，然後一心念佛。為什麼要歡喜呢？能夠來念佛，而且能夠參加七天的念佛，是因為你自己有大福報、善根深厚，許多人不能而你能，所以值得歡喜。同時，在念佛的時候，要把你的心念跟佛號貼在一起，黏在一塊。佛號就是你自己，你自己就是佛號。不管是不是用口念佛，不論有沒有出聲念佛，也不管其他的人是不是在念佛，你的心要不斷地與阿彌陀佛的佛號相應。在佛殿上念，在齋堂裡面念，睡覺的時候念，出坡工作的時候念，乃至於上洗手間的時候也念，出聲念是在念，不出聲時，心中也都要有佛號。

（二）無量的悲智

阿彌陀佛的意思是無量壽、無量光，是無量的壽命和無量的光明。阿彌陀佛能在無盡的時間長河中，普遍接引無量的眾生，故名無量壽；能以無邊的智慧和無比的慈悲，照顧無窮的苦海眾生，故名無量光。

我們念佛的時候，心中就和慈悲與智慧相應，也就是跟阿彌陀佛的無量光相應；我們的心永遠不離開智慧和慈悲，我們的心也永遠不離開阿彌陀佛的佛號，這也是無量壽。

（三）不一不二．生命無常

念佛的時候，阿彌陀佛就跟我們合而為一，不一不二，不是一個也不是兩個。因為我們還在念佛，阿彌陀佛是我們要念的佛號，所以不是一個；可是念阿彌陀佛的時候，我們的心就跟阿彌陀佛合而為一，所以既不是一也不是二。

我們共同在一起念佛的人，也是不一不二。因為大家一同在念阿彌陀佛，你念你的阿彌陀佛，我念我的阿彌陀佛，並不是一個人在念；可是大家在一起共同念相同的阿彌陀佛，心中只有一個共同的阿彌陀佛，所以也是分不開的。

如果能體驗到這個道理，我們就可以相信，當自己參加佛七念佛的時候，我們的怨親債主、我們在生的父母和親友、我們的先亡眷屬，也都跟我們不一不二，也跟我們一起在念佛。

我們得到念佛的利益，他們也同樣得到念佛的利益，所以清明報恩佛七，一方面自己得到修行功德，同時也能把我們這種修行的功德，分享給我們的親友債主。不管是生活著的人或者是已過世了的人，他們都會因為我們的念佛而獲得很大的利益。

在這一個星期的佛七修行過程中，第一要請諸位不可以講話，乃至於自己跟自己也不要對話，唯一的念頭是專心念佛；同時要利用空餘的時間，一邊念佛一邊拜佛，至少每天三百拜。希望諸位不要空過了時間，生命無常，時間有限。

（四）打佛七真報恩

參加清明佛七的修行，是為了報恩，報誰的恩呢？佛說有四恩，清明主要是報父母的恩以及眾生的恩。中國人在一年中，通常有三次祭祖的時間：清明、中元、過年。這都是慎終追遠，為了表達對祖先的懷念。特別是清明，會以掃墓和祭祖的方式，表示追思與懷念。

這是中華民族由歷史造成的風俗習慣。中國人重視祭祖，並且訂出一年三個時節。至於印度和歐美，就不一樣了。譬如說這回在農禪寺打佛七的有一位美國籍的居士，清明祭祖對他而言就無所謂了；但以中國人的風俗來說，清明報恩，就顯得非常重要。佛教從印度傳到中國，並沒有把中國的風俗習慣廢止，倒是為了適應中國的本土文化，佛教徒們也跟中國人一樣祭祀祖先。

一般中國人只知道逢年過節祭祀一番，到底有沒有用呢？有，就是對先亡眷屬的一種慰問，以及對無祀孤魂表示關懷，所以有用，但不是非常有用。如果能運用佛法來超度先亡，那才真正的有大作用。因為，用佛法來化解他們心中的煩惱、怨結，他們就能離開鬼道而早生善道，或生天國，或者往生佛國淨土；並以我們念佛的功德和念佛的力量迴向給他們，同時也帶著他們一起念佛，讓先亡眷屬及無祀孤魂，超生離苦。這就是用佛法來做超度的佛事，比較起僅僅以掃墓祭典及焚燒紙箔等形式的慰問和關懷，有用多了。

所以我們在過清明節的時候，用打佛七的修行功德來報恩，既能有利亡者，也能有益生者，才是真有用。包括有形及無形的眾生，也都得到利益，他們從無始以來都曾對我們有恩，所以也用念佛的功德來迴向給他們；同時也用三寶的力量，帶他們一起修行。

我要請問諸位：現在有多少眾生在這兒參加佛七？人是沒有多少，正在聽我講開示的不到一千位。可是諸位看到嗎？我們的牆上貼了數千個牌位，還點了數百盞燈。每個牌位上、每一盞燈上，有的是寫著一個名字，有的是幾個名字，有許多寫的是歷代怨親債主，有的更寫著歷劫怨親債主及無祀孤魂，那就更多了。所以我們要知道：今天在這裡念佛的，不只有我們這些人，尚有更多更多用肉眼看不到的無數眾生，在這兒念佛聽佛法。若是已經轉生而無法前來的怨親債主，也會由於我們的念佛功德而獲得利益。

(五)超度的意思及功能

現在，我要根據佛法，把超度眾生的意思、超度眾生的功能以及眾生的類別，向諸位介紹。

超度的意思就是用清淨的佛法，化解眾生的苦難，使眾生出離煩惱的苦海，生到佛國的淨土。我們修學佛法的目的，就是為了要從苦難的此岸超度到解脫的彼岸。許多人誤認為佛法僅是超度死人、超度亡靈。其實佛法雖有度亡的功能，但其最大的作用是超度修行佛法的活人。修行佛法就能從愚癡、無明、煩惱中得到解脫。用修行戒、定、慧的力量，就能使我們由生死凡夫達到不生不死的菩薩及佛的境界，那才是真正的超度。

超度的功德有淺有深。在修行佛法的路上，走一步就是超度一步，走兩步就能超度兩步。我們每念一句佛號，就是在苦海裡往岸邊回游了一步。所以凡夫位中的佛教徒是正在超度，聖者位中的佛菩薩是已經超度。我們每念一句佛號，都在超度我們自己。我們自己的祖先或怨親債主，以及跟我們有緣的無祀孤魂，由於我們念佛而得利益，便是得到超度，這就是我們在報恩、在結緣、在還願、在做慰問關懷，也就是在行著自利利他的菩薩道。用佛法來幫助亡靈，使他們聽到佛法，念誦佛號，也能心開意解，啟發智慧，求生佛國淨土。這樣的話，叫作超度眾生。

從佛法的觀點來理解，眾生都會在五趣六道從生到死，死了又生，叫作生死流轉，不會永遠做鬼，不會永遠做人，也不會永遠做畜生和做天神。因為人會死，五趣眾生都會死，他們死了以後做什麼呢？就去轉生了。轉生到哪兒去？是依他們自己在無始以來的業因，而生到應該生的地方去。善因緣就生到善道，惡因緣就生到惡道。如果已經修了無漏的菩提因緣，仗佛願力，那就生到佛國淨土。照這樣講來，我們的祖先、歷劫的怨親債主，那就不一定都在鬼趣中了。因為無始以來，我們和多少的眾生發生了恩恩怨怨的關係。所以我們還是不知道有多少跟我們有關係的眾生是在鬼道、神道或是天道；而我們也不知道有多少的怨親債主是在地獄道和畜生道裡。因此我們為了報他們的恩，一定要用佛法，以修學佛法、弘揚佛法、護持佛法的功德，來迴向他們，使他們得到利益，能離苦得樂。

（六）鬼與神

鬼道眾生分成無財、少財、多財的三等。無財無福是不自由的餓鬼；少財少力的是依附草木的鬼神；多財大福的是自由大力的鬼神。不自由的鬼是地獄眾生。但是也有一些鬼神，雖然沒有福報，但也沒有那麼大的罪報；或者有一類靈體，他們有罪報和福報還沒有開始受報，正在等待著因緣去受報，還是在鬼道裡邊，這裡的鬼魂會飄蕩在空中、浮遊在人間，而人的肉眼是看不到的。這些鬼神很容易跟人結緣，有些也會找人的麻煩。因此我們若用佛法結他們的緣，對他們有極大的利益，讓他們在心開意解之後，能超度。

鬼神自由或不自由的意思是，福報大的鬼神，其自由的範圍相當大，中國鬼可以去美國，美國鬼也可以來臺灣；他們有若干神通力，要到哪兒就到哪兒。但是有一些福德比較差的鬼神，只能夠在一個地方，譬如他在北投，就只能在北投地段活動，這叫作「當方土地當方靈」。譬如說臺北市有個地方二十年前是槍斃犯人的刑場，現在已經建成一個機關的大樓，辦公人員剛搬進去時，發現的名堂很多：沒有啟動電梯，它會自動地上下，還有人會聽到空屋中有搬東西的聲音，此外還會突然停電，也有聽到口令聲、槍聲，各種繪聲繪影的傳言很多，因此有人要我去一趟。我去了一趟，相信對那些靈體會有一點幫助，因為我在那邊念阿彌陀佛，也把他們請來農禪寺，參加清明念佛七，讓我們用念佛功德來超度他們，跟他們結善緣。

他們是很可憐的，由於沒有肉體，所以很難停留在此七天而不離開。你們念佛時，雖然會打妄想，心也會飄到外邊去，就像鬼魂一樣東飄西蕩，身體總還是在這裡念佛。可是那些鬼神就可憐了，念了幾句佛，聽到幾句佛法，卻一下子就飄走了。由於他們的福報不似我們的大，他們自己也沒有辦法，還是要靠我們用念佛的功德迴向給他們。以此可知，我們若在生前念佛，自修自度最可靠，若待死了以後讓人家來超度的時候，就會像他們一樣了。佛說「人身難得」，唯有人身，真能修道。

我在西方，對西方人不會這樣講，因為西方的鬼不過清明節，也不指望人家來祭祀，原因是他們已經習慣了，所以不會有問題。但是中國的鬼神不一樣，中國人有中國人的習慣，到了時間，你沒有給他們祭祀慰問，他們也會鬧情緒。中國的風俗習慣和民間信仰，使得那些已經過世而尚未轉生的靈體，或是在鬼道裡的眾生，殷殷期待著活人給他們慰問！所以我們中國有清明，特別還有農曆七月的鬼門關開放之說。

今天我講的，不僅要慰問亡靈，也是要勉勵大家用修行佛法來報祖先的恩、報眾生的恩，並用說法、聞法、念佛的功德來超度他們。

（本文講於一九九四年清明報恩佛七期間，〔一〕～〔三〕講於三月二十八日，〔四〕～〔六〕講於二十九日）

清　極樂世界圖（國立故宮博物院藏品）。

佛七的根源

打佛七、打禪七，為何以七天為期，出典為何？

這跟宇宙體中的七大行星有密切關係。在唐宋時代，從梵文譯出的密部經典中，就有好幾種，是以七曜、七星或北斗為名的。這種信仰在印度為時甚早。相傳釋迦世尊，在菩提樹下的金剛座上，禪修七七四十九日，即便開悟成道。成道之後的初七日中，一邊享受解脫之樂，同時思惟，應該以何種方式的善巧方便，向眾生宣說佛法。

當釋尊成立教團之後，我們從律藏中見到，比丘若於結夏安居的三個月內，遇有僧團的公事，可以向眾告假最多七日，稱為「受七日法」。又因比丘不得儲積食物過夜再吃，但為有病比丘，做為療病藥物，可以儲蓄酥油、生酥、蜜、石蜜（結晶的蜜糖），但不得超過七日，稱為「七日藥」。以此可知，七日為期的時段設施，至少在釋迦世尊以前，便已流行在印度了。基督教的《舊約．創世記》說上帝以七天完成了宇宙及人類等萬物的創造，應當也是發源於相同的理由。

因此，在佛經中，便有提倡以七日為期的修行方法，例如北涼沙門法眾譯出的《大方等陀羅尼經》卷一記載：如何修持方等陀羅尼章句？而云：「若欲行時，七日長齋，日三時洗浴，著淨潔衣，座佛形像，作五色蓋，誦此章句（咒語）百二十遍，遶百二十匝。」又於該經卷三，佛告文殊師利：「若有善男子善女人，來詣汝所，欲求陀羅尼經者，汝當教求十二夢王，若得見一王者，汝當教授七日行法。」此法於出家二眾，共行三個月的八十七日，而以首七日為重要的基礎。

天台智者大師，根據這部一共四卷的《大方等陀羅尼經》編說的《方等三昧行法》中，也說：「（僧俗）七眾通行，七日要心行法。」又說：「上首七日要心，通於七眾，十惡五逆，並得消除。」首七日的修行法，適用於僧俗七眾。

然在《法華經．普賢菩薩勸發品》云：「欲修習是《法華經》，於三七日中，應一心精進。滿三七日已，我當乘六牙白象……現其人前而為說法。」故在智者大師的《法華三昧懺儀》中，也規定：「於三七日中，一心精進。」那是以二十一天為修行期限。

在屬於阿彌陀佛淨土法門的《般舟三昧經》的〈行品〉中有云：「其有比丘比丘尼，優婆塞優婆夷，如法行，持戒完具，獨一處止，念西方阿彌陀佛，今現在……一心念之，一日一夜，若七日七夜，過七日已後見之。」接著繼續修行，共計三個月，以九十日為期，而云：「不得睡眠三月，如彈指頃。」又云：「經行不得休息三月，除其飯食左右。」這幾乎與《方等三昧行法》的修法相近，以首七日為預備階段。

另有如《地藏經》，除了主張最好於亡者初七日內超度之外，並以為至遲當在七七四十九天之內超度亡靈，是最妥當的。此一原因可從《瑜伽師地論》卷一見到：人在死亡之後即成中有身（亦名中陰身），若未立即往生天趣及人趣者，或尚未得轉世投生因緣者，此一中有身「極七日住，有得生緣，即不決定。若極七日未得生緣，死而復生，極七日住，如是展轉，未得生緣，乃至七七日住，自此已後，決得生緣。又此中有，七日死已，或即於此類生，若由餘業可轉，中有種子轉者，便於餘類中生」。可知中有身又名中陰身，每七天死亡一次，僅有七次，然後便隨業受生去了。因此也就有了為期四十九天的超度修行活動。這當然也跟釋迦成道的四十九日有關。

不過在淨土法門的「打佛七」，應該是依據《阿彌陀經》的「聞說阿彌陀佛，執持名號，若一日、若二日、若三日、若四日、若五日、若六日、若七日，一心不亂，其人臨命終時，阿彌陀佛，與諸聖眾，現在其前」的經文而設。《觀無量壽經》中也有「一日乃至七日，即得往生」的經文。

禪宗的叢林，本來只有禪期，如夏期、冬期，此本與比丘律中的安居修行有關。如今在宋明時代傳去日本的禪宗各派，並無「打禪七」的名目，乃是稱為「接心」或「攝心」的定期修行，多半也是七天的精進禪修活動。足徵「打禪七」的名稱在中國的歷史，最早也不會早於明末清初。我在明末的資料中，尚未見到這個名詞。

能有七天來精進念佛，稱為「打佛七」，其歷史也不會太早，不過這種以七天為剋期取證的修行活動，甚有意義，而且為時極早，所以值得推行。

（一九九三年十一月二十八日寫於紐約東初禪寺）

念佛的方法

一、念佛是中國佛教共同特色

大乘佛教，不論顯、密，幾乎都在闡揚阿彌陀佛的淨土法門。密教自有其修持的儀軌之外，顯教依據的主要經典，則為淨土三部經：（一）《阿彌陀經》。（二）《觀無量壽經》，亦名《十六觀經》。（三）《無量壽經》，又名《大阿彌陀經》，此經自漢迄宋，共有先後十二種譯本，宋、元以後，僅存五本，宋朝的王日休居士，依據其中四種譯本，揉合成為《佛說大阿彌陀經》，民國三十五年（一九四六年）又有夏蓮居居士，集合漢、魏、吳、唐、宋的五種譯本，重彙成共計四十八章的《佛說大乘無量壽莊嚴清淨平等覺經》；此經對於阿彌陀佛淨土法門的事理因果，依正莊嚴，介紹得最為詳盡。另有淨土學者如印光大師以為《楞嚴經》的〈大勢至菩薩念佛圓通章〉以及《華嚴經》的〈普賢菩薩行願品〉，也屬於弘揚阿彌陀佛淨土法門的重要經典。因此連同以上三經，合稱為「淨土五經」。

在中國佛教的大乘各宗派，除了三論（中觀）派以及部分臨濟宗的禪士們，不用淨土的念佛法門之外，其餘諸家，幾乎無一不學求生西方極樂淨土的念佛法門。以此可知，念佛乃是中國佛教的共同特色。

二、《阿含經》的念佛方法

念佛法門，源出於梵語「佛陀那息勒帝」（buddhānusmṛti），意為憶念佛陀，輾轉而成觀佛相好、唱佛名號等的修持方法。在《雜阿含經》卷三十三，念佛屬於六念法門之一，《增一阿含經》卷二屬於十念法門之一，其念佛的方法是：

「正身正意，結跏趺坐，繫念在前，無有他想，專精念佛，觀如來形，未曾離目。已不離目，便念如來功德：如來體者，金剛所成，十力具足，四無所畏，在眾勇健。如來顏貌，端正無雙，視之無厭；戒德成就，猶如金剛，而不可毀。清淨無瑕，亦如琉璃。如來三昧，未始有減，已息永寂而無他念，憍慢強梁，諸情憺怕，欲意恚想，愚惑之心，猶豫網結，皆悉除盡。如來慧身，智無崖底，無所罣礙。如來身者，解脫成就，諸趣已盡，無復生分，言我當更墮於生死。如來身者，度知見城，知他人根，應度不度，此死生彼，周旋往來，生死之際，有解脫者，無解脫者，皆具知之。是謂修行念佛，便有名譽，成大果報，諸善普至，得甘露味，至無為處，便成神通，除諸亂想，獲沙門果，自致涅槃。」

此一念佛方法，是繫心憶念，專心觀想佛的形相，一意觀想佛的無量功德，包括觀想佛的身體、顏貌；佛的戒德、三昧、智慧、解脫、解脫知見等的五分法身。

若能如此修行念佛法門，便得成就大果報，乃至自致涅槃，自得解脫。這是小乘的念佛法門。

三、《般舟三昧經》的念佛方法

若依《般舟三昧經》的〈行品〉所示：「持何法，得生此國？阿彌陀佛報言：欲來生者，當念我名，莫有休息，則得來生。佛言：專念故，得往生。常念佛身有三十二相、八十種好，巨億光明徹照，端正無比，在菩薩僧中說法……欲得見十方諸現在佛者，當一心念其方，莫得異想，如是即可得見。」

在此《般舟三昧經》所見，則有念佛名號、念佛身相好光明、念佛國方向的修行方法。若得三昧成就，即會體驗到：「我所念即見心作佛，心自見心是佛心，佛心是我身。心見佛，心不自知心，心不自見心，心有想為癡，心無想是涅槃。」這是從念佛而實證真如實相的大乘法門。

四、《無量壽經》的念佛方法

根據《無量壽經》卷下云：「諸有眾生，聞其名號，信心歡喜，乃至一念，至心迴向，願生彼國，即得往生，住不退轉，唯除五逆、誹謗正法。」此經所示，往生極樂國土的條件，非常簡單，已不像《般舟三昧經》要求念佛名號，不可休息，方得往彼國那般的困難了。只要願生彼國，除了犯五逆罪（殺父、殺母、殺阿羅漢、出佛身血、破和合僧）以及誹謗了大乘正法的人之外，乃至僅僅一念信願，均可往生彼國。

不過此經所示，往生彼國有上、中、下的三輩人，上、中二輩，往生的念佛條件是「一向專念，無量壽佛」，下輩往生的念佛條件是「一向專意，乃至十念，念無量壽佛……乃至一念，念於彼佛，以至誠心，願生其國，此人臨終，夢見彼佛，亦得往生」。由「一向專念」，到「乃至一念」，都可往生彼國，如何念佛？此處應是念的無量壽佛（即是阿彌陀佛的意譯）的名號，是用心憶念、用心繫念。

此經卷上的四十八願之中的第十八願亦云：「設我得佛，十方眾生，至心信樂，欲生我國，乃至十念，若不生者，不取正覺。」阿彌陀佛發此願時，尚在行菩薩道的階段，如今早已成佛，他的願力，當然兌現，所以鼓勵眾生，乃至僅以十念繫念阿彌陀佛名號，必定往生彼國。當然，此經也曾兩度提起「乃至一念」也得往生彼國。

五、《觀無量壽經》等的念佛方法

根據《觀無量壽經》的要求，首先是「繫念諦觀彼國淨業」，次教「繫念一處，想於西方」。而做日想、水想、地想、七重行樹想、八池水想、總觀彼國寶樹寶地寶池、觀無量壽佛及二菩薩的依正莊嚴、觀諸佛如來法界身入一切眾生心想中（作是觀成，於現生中，得念佛三昧，即是親證實相）、觀無量壽佛身光明、觀觀世音菩薩、觀大勢至菩薩、觀於蓮花中坐及蓮花合開想、觀無量壽佛丈六身像在池水上。

以上乃是標準的觀想念佛、觀像念佛、實相念佛，其次，此經又說九品往生的念佛法門，其中提及念佛之處，則有：

（一）上品上生者：修行六念（念佛、念法、念僧、念天、念戒、念施）迴向發願一日乃至七日，即得往生。

（二）下品上生者：以聞大乘十二部經首題名字故，除卻千劫極重惡業，復教以「合掌叉手，稱南無阿彌陀佛，稱佛名故」，阿彌陀佛即遣化佛、化觀世音、化大勢至，前來迎接往生彼國。

（三）下品下生者：「或有眾生，作不善業，五逆十惡，具諸不善」，臨命終時，遇善知識，為說妙法，教令念佛。若此眾生為苦所逼，已「不能念彼佛者，應稱歸命無量壽佛，如是至心，令聲不絕，具足十念，稱南無阿彌陀佛，稱佛名故，於念念中，除八十億劫生死之罪……如一念頃，即得往生極樂世界，於蓮花中，滿十二大劫，蓮花方開」。見觀世音及大勢至二大菩薩，為其說法。

從以上所舉經文看來，除了觀想、觀像、實相三種念佛之外，對於一般的凡夫眾生，尚可用六念法門、稱名念佛，特別是下品往生的眾生，當以稱名念佛，最可適用。

稱名念佛的方法，也在《法華經．方便品》見到：「一稱南無佛，皆已成佛道。」又說：「深淨微妙音，稱南無諸佛。」

在《阿彌陀經》則有：「若有善男子善女人，聞說阿彌陀佛，執持名號」，一日至七日，達成「一心不亂」的程度，臨命終時，即得阿彌陀佛與諸聖眾前來接引，往生極樂國土。

於是有人將心憶念佛、稱名念佛、持名念佛，在日本尚有配合曲調的引聲念佛，都叫作念佛法門。

六、一念乃至十念的念佛方法

在中國的歷代大師中，宣揚念佛法門的人相當多，並且各自提出了念佛生淨土的具體方法。

北魏的曇鸞大師，為世親的《往生論》作註，對於十念往生的解釋是：心無他想，一心相續，念阿彌陀，滿十數名為十念云。又說：此十念之念，以憶念為義，緣佛相好，稱佛名號，以心十念相續，專心阿彌陀佛，最為重要。

唐朝道綽大師的《安樂集》卷上亦云：「但憶念阿彌陀佛，若總相、若別相，隨所緣觀，逕於十念，無他念想間雜，是名十念。」

唐朝的善導大師所著〈往生禮讚偈〉云：「十方眾生，稱我名號，下至十聲，若不生者，不取正覺。」是以口念十聲佛號，解釋十念修法。

新羅元曉大師的《無量壽經宗要》，解釋十念，即是稱念名號，緣相好，不雜餘念，無間斷地，念滿十數。此與曇鸞所說相同。

近代日本學者望月信亨，考察梵文所用「念佛」的「念」字，應該是「心念」質多（梵文 citta）之意，在《無量壽經》所說三輩念佛往生之處，所說「念無量壽佛」的「念」字，是「隨念」（梵文 anusmṛti）之意，或有「思惟」（梵文 manasikara）之意。

可見「十念」乃至「一念」的「念」字，原是心憶、思惟，加上稱名念或持名念，便是口中宣稱阿彌陀佛名號，同時在心中也切實地知道是在宣稱阿彌陀佛名號。心中清清楚楚沒有妄想雜念，只知道自己口中正在宣稱佛號，便是一聲佛號，也是一念念佛；繼續不斷地口中念畢十聲，心中沒有出現其他雜念，便是「十念相續」，也是十念念佛。

七、五念門

被尊為中國淨土修法的始祖北魏曇鸞大師註世親菩薩的《往生論》，解釋世親菩薩主張的「五念門」說：

（一）禮拜門：心中願生安樂國土，禮拜阿彌陀佛。

（二）讚歎門：稱念盡十方無礙光如來（阿彌陀佛的異名）名號。

（三）作願門：如實修行奢摩他（止）。

（四）觀察門：如實修行毘婆舍那（觀）。

（五）迴向門：以所有一切功德善根，為欲拔除一切眾生之苦，而作願攝取彼等，同生安樂國土。

這五念門的念佛方法，其實就是：禮拜彌陀信願往生、稱名念佛、觀想念佛、發菩提心廣度眾生。

八、五方便念佛門

隋朝天台智顗大師的《五方便念佛門》介紹了念佛門的修法：

（一）稱名往生念佛三昧門：行人口稱南無阿彌陀佛時，心必願生彼國淨土，是為樂稱諸佛名號的眾生說。

（二）觀相滅罪念佛三昧門：行者想像佛身，專注不已，遂得見佛，所有罪障悉皆消滅。是為樂睹佛身，畏懼罪障者說。

（三）諸境唯心念佛三昧門：行者觀想佛身，是從自心生起，無別境界。此為迷心執境者說。

（四）心境俱離念佛三昧門：行者觀想此心，亦無自相可得。是為計量自心實有者說。

（五）性起圓通念佛三昧門：行者此時入深寂定，將入涅槃，緣十方諸佛加被護念，興起智慧功能，於一念頃淨佛國土，成就眾生。此為樂深寂定入涅槃境者說。

以上所舉五方便念佛門，第一稱名念佛，第二觀相念佛，第三、第四實相念佛的因行與果境，第五則為發大菩提心。智者大師在此文中，特別強調：「若以一言而具眾門，無過念佛。」又說：「若念佛者，當知是人，即與文殊師利，等無有異。」

九、念佛三昧的修持法

在《大藏經》中，介紹念佛三昧的經論以及歷代祖師的著述，相當地多，例如《般舟三昧經》的般舟三昧、《大阿彌陀經》卷下、晉譯《華嚴經・入法界品》、《文殊說般若經》的一行三昧、《大智度論》卷二十一、《十住毘婆沙論》卷十二、《思惟略要法》、《攝大乘論》卷下、天台智顗的《五方便念佛門》、華嚴宗五祖宗密的《華嚴經行願品別行疏鈔》卷四、道綽的《安樂集》卷下、懷感的《釋淨土群疑論》卷七。

依據以上諸種資料所見，念佛三昧的修法應該具備：

（一）要有定處、定期。

（二）要有信願往生彼國。

（三）要以至誠心常念佛不斷。

（四）念佛要有次第漸進，可以分作四個層級：

1.稱名念佛：捨諸亂意，聲聲句句，念念相續，口宣佛號，心繫佛號聲。

2.觀像念佛：捨諸亂意，念念觀察佛的生身三十二相、八十種好，放巨億光明，在眾中說法。

3.觀想念佛：捨諸亂意，念念心向佛國方所，觀想佛國淨土的依正莊嚴，佛及菩薩、羅漢的悲智解脫，一切功德法身。

4.實相念佛：捨諸亂意，不取內外相貌，念念相續，觀想體驗，心佛眾生，一切諸法，實相無相，真心無心，非空非有，即空即有，真俗不二，萬法平等。

以上四個層次，一般凡夫，最好先從稱名念佛起修，若得身心安穩，進修第二、第三層次。至於實相念佛，則相等於禪宗的明心見性了，必須消業除障，身心安適，不生人我煩惱之時，方可修持，否則用不上力，若非徒勞無功，便是東施效顰，自欺欺人。如何消業除障？稱名念佛，及禮拜、懺悔、發菩提心，是最好方法。

雖然近世的印光大師以為此際末法時代的下根之人，於此四種念佛之中的實相念佛，是難中之難的法門。但在明清之世，仍有不少僧俗大德，專修念佛三昧，例如明末的蓮池大師雲棲袾宏，清朝的省菴實賢，均曾剋期修持念佛三昧，以百日為限。蓮池大師曾說：「一句阿彌陀佛，該羅八教，圓攝五宗。」故知念佛三昧即是一代聖教之根元。並將持名念佛分作：1.出聲念的明持，2.無聲念的默持，3.微動口唇念的半明半默持（如密宗的金剛持）。或記數念，或不記數念皆可。

蓮池大師又主張《阿彌陀經》的「執持名號」，「執」是聞名號，「持」是受而守之，常時不忘，而此執持也可分為：1.憶念無間的事持，2.體究無間的理持。執持之極，便得「一心」，亦可分作：1.事一心者，即是聞佛名號，常憶常念，字字分明，相續不斷，唯此一念。2.理一心者，聞佛名號，不唯憶念，亦能反觀，體察究審，極其根源，於自本心，忽然契合。

比蓮池大師略晚的蕅益大師，解釋「執持名號」，乃在執持阿彌陀佛名號，以達一心不亂。若能念念憶佛名號，暫不忘捨，名為執持。亦可分作二階：1.事持者，未達如《觀無量壽經》所示的「是心作佛，是心是佛」之理。2.理持者，信西方之阿彌陀佛，即我心本具，為我心造，以自心所具之名號為繫心之境，暫不忘捨。若從伏除煩惱至見思惑盡，皆名事一心，若至心開，見本性佛，皆名理一心。他不同意蓮池大師的體究之理，為理一心，並以為體究念佛或參究念佛的方法，不過是攝禪宗歸淨土的一種方便。

事實上蓮池大師是基於禪修經驗而將理一心及理持，解釋為禪宗的見性明心，蕅益大師則是從理論思辨上說明禪是禪，淨土是淨土，不應相混。蓮池大師的說法，是從修證體驗及禪淨論點的會合，而指出如何來修念佛法門，也跟禪修不相違背。

又由於天台智者大師曾說：四種三昧（常行、常坐、半行半坐、非行非坐），同名念佛三昧，念佛三昧是三昧中王也。所以明末的蕅益大師也說：「念佛三昧，名寶王三昧，三昧中王也。」並以為廬山一派之淨土念佛為念他佛，達摩所傳為念自佛，永明延壽一派為理事雙修，禪淨兼顧的念自他佛。不過蕅益大師本人，並未條理出念佛三昧的實踐方法，他是從綜合禪淨諸家的觀點而做的整合融會說。

總之，念佛三昧既是寶王三昧的三昧中王，我們應該鼓勵淨業行者們，用來修行。般舟三昧的九十日行法，必須常行，不臥、不坐、不得休息，對於一般人而言，的確很難支持。但在蓮池大師時代，曾鼓勵不少居士，修行念佛三昧，獲得成就，也是九十日為期。

因此，宜將上列的念佛三昧修法的四個層級，配合九十日的期限，做一適當地分配。

十、高聲念佛

稱名念佛，又名持名念佛，稱名須用口出聲唱出，持名則或可出聲，或可默念，或可口唇微動。但在中國的稱名念佛，行之已久，唐代的飛錫大師，撰《念佛三昧寶王論》卷中，特別提倡「高聲念佛」。念佛聲音之洪亮，被形容為「聲喧里巷，響震山林」。其理有五點：「夫辟散之要，要存於聲。聲之不厲，心竊竊然，飄飄然無定。聲之厲也，拔茅連茹，乘策其後畢命一對，長謝百憂，其義一也。近而取之，聲光所及，萬禍冰消，功德叢林，千山松茂，其義二也。遠而說之，金容熒煌以散彩，寶華淅瀝而雨空，若指諸掌，皆聲致焉，其義三也。如牽木石，重而不前，洪音發號，飄然輕舉，其義四也。與魔軍相戰，旗鼓相望，用聲律於戎軒，以定破於強敵，其義五也。具斯眾義，復何厭哉？未若喧靜兩全，止觀雙運，叶夫佛意，不亦可乎？定慧若均，則兼忘心佛。」

飛錫強調高聲念佛，說明五義，證明聲的功能奇大，能定心、除憂、消禍、舉重、降魔，乃至達到止觀雙運、定慧均等、心佛兩忘等實相念佛的程度。

十一、五會念佛

唐朝的法照大師，撰作《淨土五會念佛略法事儀讚》二卷，提倡五會念佛。他的依據是《無量壽經》卷上有云：「或有寶樹，硨磲為本，紫金為莖，白銀為枝，瑠璃為條，水精為葉，珊瑚為華，瑪瑙為實。行行相值，莖莖相望，枝枝相準，葉葉相向，華華相順，實實相當，榮色光曜，不可勝視，清風時發，出五音聲，微妙宮商，自然相和。」

又在《阿彌陀經》於類似的描述極樂國中種種動植等諸物環境設施之後，而說：「微風吹動諸寶行樹，及寶羅網，出微妙音，譬如百千種樂，同時俱作，聞是音者，自然皆生念佛、念法、念僧之心。」法照大師因此而倡導發明了「五會念佛」的方法。

其實經中只說「出五音聲」是指古音樂譜曲用的「宮、商、角、徵、羽」，並無五會的意思。

法照所用五會的意思，他自己說：「五者會是數，會者集會，彼五種音聲，從緩至急，唯念佛法僧，更無雜念，念則無念，佛不二門也，聲則無常，第一義也。」他又說：「其聞音者，得深法忍，住不退轉，至成佛道。」

可知五會念佛，實即以五音譜曲念佛，抑揚頓挫、緩急有致，能使念佛的人，不致墮於昏沉散亂，而且隨著音樂節奏，產生安定心神及愉快喜悅的趣味感。若能專精持續念佛，也可完成念佛三昧。所謂五會，乃是念佛時段的次第數，其進行方法如下：

第一會，平聲緩念「南無阿彌陀佛」。

第二會，平上聲緩念「南無阿彌陀佛」。

第三會，非緩非急念「南無阿彌陀佛」。

第四會，漸急念「南無阿彌陀佛」。

第五會，四字轉急念「阿彌陀佛」。

其實，近世中國各寺院的念佛方法，大致上都是採取類似這樣的五會念佛，不過大同小異。有些相當地好，能使參與念佛共修的人，感受到安詳平和而又清涼的氣氛。但在臺灣的時下，也有被譜成樂曲，由樂器伴奏的「五會念佛」，使人聽來，另有一種輕鬆活潑而且略帶興奮的味道，似已失去了梵唱的風格，很難使人成就念佛三昧了。

十二、十念記數念佛

民國初年的印光大師，他該是迄今中國弘揚彌陀淨土的最後一位偉大的祖師，在其《印光大師文鈔》中，收有一章〈示修持方法〉，對修淨業的人非常實用，他也特別開示念佛方法。讀者不妨找來熟讀應用。現謹錄其兩種念佛方法，對時下念佛的人，都會有用：

（一）十念法門：若因事務多端，無法如寺院生活那般地做朝暮功課的人，當於晨起盥漱畢，禮佛三拜，正身合掌，念「南無阿彌陀佛」，盡一口氣為一念，念至十口氣，念〈小淨土文〉，或但念「願生西方淨土中，九品蓮華為父母，華開見佛悟無生，不退菩薩為伴侶」的四句偈。念畢禮佛三拜，即完成晨朝十念法門的功課。若無像，即面向西方三問訊。此法乃為宋朝慈雲懺主遵式所創，是為了當時王臣的政務繁忙而設定的。此法能令心歸一處，一心念佛，決定往生。

（二）十念記數念佛法門：許多念佛的人，喜用長串或短串的念珠記數，但在印光大師卻教淨業行者，十念記數則「不可掐珠，唯憑心記」。

印光大師說：「十念記數，則全心力量，施於一聲佛號……此攝心念佛之究竟妙法，在昔宏淨土者，尚未談及。」他又說：「利根則不須論，若吾輩之鈍根，捨此十念記數之法，欲都攝六根，淨念相繼，大難大難。」又說：「此法之妙，蓋屢試屢驗。」如何是十念記數？

便是當念佛時，從稱念第一句「南無阿彌陀佛」至第十句「南無阿彌陀佛」，每稱念一句，須念得分明，記得分明，至第十句稱念完畢，再從第一句稱念的佛號記數，數至第十，周而復始，反覆稱念佛號，反覆記數至十。

若十句直記困難，或分為兩氣，則從一至五，從六至十；若又費力，則分作三氣，當從一至三，從四至六，從七至十。如此稱念佛號，念得清楚，記得清楚，聽得清楚，妄念便無立腳之處，久久當會自然而得一心不亂了。

此一十念記數方法，我在指導禪修及念佛方法時，也常介紹給新學者，禪修者如果數息法困難，用此十念記數法，便很順利。所以我也極其感恩印光大師發明了此一十念記數的念佛妙法。

（一九九四年五月撰於紐約）

宋　無量壽佛（國立故宮博物院藏品）。

國家圖書館出版品預行編目資料

念佛生淨土 / 聖嚴法師著. -- 三版. -- 臺北市：
法鼓文化, 2017. 01
面； 公分
ISBN 978-957-598-738-1（平裝）

1. 佛教修持

225.7 105021163

學佛入門 8

念佛生淨土

Mindfulness of the Buddha and the Concept of Pure Land

著者 聖嚴法師
出版 法鼓文化
總監 釋果賢
總編輯 陳重光
編輯 李金瑛
封面設計 化外設計
內頁美編 小工
地址 臺北市北投區公館路一八六號五樓
電話 (02)2893-4646
傳真 (02)2896-0731
網址 http://www.ddc.com.tw
E-mail market@ddc.com.tw
讀者服務專線 (02)2896-1600
原東初出版社 一九九五年初版至一九九六年修訂版九刷
三版三刷 二〇二四年四月
建議售價 新臺幣一五〇元
郵撥帳號 50013371
戶名 財團法人法鼓山文教基金會—法鼓文化
北美經銷處 紐約東初禪寺
Chan Meditation Center (New York, USA)
Tel: (718) 592-6593 Fax: (718) 592-0717

法鼓文化